A FORÇA
e a suavidade
do Espírito Santo

Conheça nossos clubes

Conheça nosso site

- @editoraquadrante
- @editoraquadrante
- @quadranteeditora
- Quadrante

Copyright © 2024 Quadrante Editora

Capa
Gabriela Haeitmann

Dados Internacionais de Catalogação na Publicação (CIP)

Llano Cifuentes, Rafael
A força e a suavidade do Espírito Santo / Rafael Llano
Cifuentes — 1ª ed. — São Paulo: Quadrante Editora, 2024.

ISBN: 978-85-7465-681-6

1. Santíssima Trindade 2. Santificação e santidade I. Título

CDD—231.1

Índices para catálogo sistemático:
1. Santíssima Trindade : Cristianismo 231.1

Todos os direitos reservados a
QUADRANTE EDITORA
Rua Bernardo da Veiga, 47 - Tel.: 3873-2270
CEP 01252-020 - São Paulo - SP
www.quadrante.com.br / atendimento@quadrante.com.br

A FORÇA
e a suavidade
do Espírito Santo

RAFAEL
LLANO
CIFUENTES

QUADRANTE

SUMÁRIO

APRESENTAÇÃO   7

PRIMEIRA PARTE
UM NOVO PENTECOSTES NA NOSSA VIDA   9

CAPÍTULO I
FAZER UMA EXPERIÊNCIA PESSOAL NO ESPÍRITO SANTO   13

CAPÍTULO II
RENASCER NO ESPÍRITO SANTO   41

CAPÍTULO III
AS CONSEQUÊNCIAS DE PENTECOSTES   53

CAPÍTULO IV
A EFICÁCIA DA ORAÇÃO PERSEVERANTE E FRATERNA   63

SEGUNDA PARTE
A EXPERIÊNCIA ÍNTIMA DO DOCE HÓSPEDE DA ALMA E OS SEUS FRUTOS EVANGELIZADORES   83

CAPÍTULO V
A GRAÇA, AS VIRTUDES E OS DONS DO ESPÍRITO SANTO   87

CAPÍTULO VI
O DOM DE SABEDORIA E A UNIÃO
ORGÂNICA DE TODOS OS DONS 107

CAPÍTULO VII
OS DONS EXTRAORDINÁRIOS 125

CAPÍTULO VIII
FIDELIDADE AO ESPÍRITO SANTO 159

CAPÍTULO IX
NÃO NEGAR NADA AO ESPÍRITO SANTO 175

CAPÍTULO X
OS FRUTOS DO ESPÍRITO SANTO 203

CAPÍTULO XI
DUC IN ALTUM: PESCADORES DE
HOMENS 229

EPÍLOGO
MARIA: A SUAVIDADE DO ESPÍRITO
SANTO 241

BIBLIOGRAFIA UTILIZADA 247

APRESENTAÇÃO

A presente publicação convida-nos a uma aventura espiritual: fazermos cada um de nós a experiência pessoal e íntima do Espírito Santo. Viajar até o Cenáculo e reviver aqueles momentos extraordinários de Pentecostes. Vir a sentir a ação do Divino Consolador para superar, como os apóstolos, todas as nossas fraquezas e limitações.

No clima criado pela meditação destas páginas, poderemos formular uma oração semelhante àquela que, porventura, fariam os primeiros discípulos — sentindo-se fracos, assustados, deprimidos — ao lado de Maria: "Advogado de nossas carências, Médico das almas, entra no meu coração, toca-me com os recursos da Tua inigualável terapia e cura tudo aquilo que exerce em mim uma influência negativa, liberta-me de todas as ataduras do meu passado — traumas, ressentimentos e complexos — de todas as apreensões e medos do futuro, restaura as feridas das frustrações, fracassos e rejeições que me deixam, no presente, tão ansioso e deprimido... Eu me abro totalmente à Tua ação benéfica e peço que restabeleças a minha vida com o Teu vigor inigualável, e me outorgues aquela paz e alegria que só Tu sabes conceder. E uma vez revigorado, rogo-Te igualmente que me convertas em semeador dessa paz e dessa alegria que de Ti emanam. Obrigado, Senhor, porque sei que a minha súplica — ao fazê-la por intermédio de Maria — está sendo acolhida pela Tua benignidade."

Uma oração como esta pode significar algo semelhante ao que aconteceu em Pentecostes: criar a atmosfera que prepara a intervenção efetiva e transformadora do Paráclito Santificador. A meditação das colocações desta

A FORÇA e a suavidade do Espírito Santo

obra — como aquela feita ao lado de Maria no Cenáculo de Jerusalém — pode tornar-se, assim, como a forja de onde venha a sair a nossa vida transformada, ardente e luminosa como uma brasa ao rubro, capaz de transmitir o seu brilho e o seu fogo a tudo aquilo que tocar e comunicar a jubilosa mensagem de Jesus com aquela versatilidade própria do dom de línguas.

Porque a experiência íntima e pessoal do Espírito Santo, que é a grande aventura a que nos convida este livro, não está destinada apenas a superar nossos problemas, curar nossas mazelas e tornar-nos felizes, mas a algo muito mais nobre e elevado: a converter-nos em corredentores com Cristo, agentes de uma nova evangelização à qual nos conclama João Paulo II: "É preciso reavivar em nós o impulso das origens, deixando-nos impregnar pelo ardor da pregação apostólica depois de Pentecostes. Esta paixão suscitará na Igreja uma nova ação missionária que (...) acabará por implicar a responsabilidade de todos os membros do povo de Deus."[1]

A pauta deste livro termina encaminhando-se assim a esta dupla meta: curar-nos pessoalmente para curar os outros, converter-nos a nós mesmos para converter os outros, apaixonar-nos pelo Amor de Deus para terminar apaixonando os outros.

---

1   João Paulo II, Carta Apostólica *Novo Millennio Ineunte*, n. 40.

PRIMEIRA PARTE

UM NOVO PENTECOSTES NA NOSSA VIDA

Desejaria dirigir-me a vocês, meus queridos irmãos, minhas queridas irmãs — seja qual for o seu estado de vida, jovens ou não, leigos, sacerdotes, consagrados, mães e pais de família, trabalhadores ou universitários —, para falar-lhes de algo que levo muito dentro da alma: da necessária renovação espiritual no Espírito Santo e através do Espírito Santo.

João Paulo II, na carta apostólica destinada a preparar-nos para o terceiro milênio — *Tertio Millennio Adveniente* (10/11/1994) —, nos disse: "A Igreja não pode preparar-se para a passagem bimilenária de outro modo que não seja no Espírito Santo (...); pelo redescobrimento da presença e da ação do Espírito, que atua na Igreja" (nn. 44–45).

Desejaria que nos ajudássemos mutuamente a encontrar algumas pistas, para conseguirmos este "redescobrimento da presença e da ação do Espírito", fundamental para nossa vida interior. Não tenho a pretensão de lhes ensinar algo novo. Todavia, tanto para vocês como para mim, é sempre necessário tornar novo o que talvez esteja apagado, dar nova vida àquilo que porventura esteja mortiço; renovar a nossa vida espiritual; reativar a exigência daquela palavra do Senhor que nos conclama a "sermos perfeitos, como o nosso Pai celestial é perfeito" (Mt 5, 48). E, em consequência, fazer mais íntimo o relacionamento com o Doce Hóspede da alma, nosso Amável Santificador.

Consciente das minhas limitações, confio no Santo e Divino Espírito, para que ponha em minha mente algumas palavras que possam ser úteis, de alguma forma, para nossa comum reflexão. O tom que encontraremos nesta reflexão será mais espiritual do que intelectual, mais pastoral do que dogmático, mais pessoal e familiar do que científico ou técnico, mais fraternal e amigo do que acadêmico ou erudito. Desejaria dirigir-me a vocês, minhas queridas irmãs e irmãos, especialmente para ajudá-los nos momentos mais delicados da sua alma, quando talvez vocês sintam a mordida da solidão em seu coração, ainda que estejam ao lado de outros; quando necessitem, quem sabe, mais de companhia fraterna do que de ideias; mais da graça e da consolação do Espírito — *gratiam et consolationem Sancti Spiritus* — do que de admoestações ou de apelações espirituais; mais de um aconchegante agasalho humano do que de erudição ou de ciência... Desejava dirigir-me a vocês, porque necessitamos, não somente vocês e eu isoladamente, senão todos juntos, da companhia do Espírito Santo — *Dulces Hospes animae* —, o Doce Hóspede de nossas almas, para que Ele caldeie nosso interior, unindo-nos fraternalmente numa convivência que não se limite somente a uns momentos, senão, que se estenda pela vida inteira.

Gostaria de falar-lhes, enfim, simplesmente como irmão. João Paulo II, na sua mensagem, por ocasião do XII Dia Mundial da Juventude, do Domingo de Ramos de 1998, nos disse que "é importante acudir idealmente ao Cenáculo, para vivermos, pessoalmente, o mistério de Pentecostes".

Sigamos este conselho que pode ser fundamental para nós.

CAPÍTULO I
FAZER UMA EXPERIÊNCIA PESSOAL NO ESPÍRITO SANTO

Façamos, você e eu, a nossa experiência pessoal e íntima no Espírito Santo. Acorramos idealmente ao Cenáculo, entremos uma vez mais naquela cena em que os apóstolos estavam unanimemente unidos em oração, com Maria, a Mãe de Jesus. Tentemos mergulhar no coração de alguns daqueles apóstolos, como no de Pedro, para conseguirmos decifrar seus sentimentos. Que encontraremos nele? Sem dúvida, uma imensa desproporção entre o muito que Deus lhe pedia e o pouco que julgava poder dar. Recordaria ele, com certeza, aquela grandiosa missão que o Senhor lhe confiara: "ide por todo o mundo e pregai o Evangelho a toda criatura..." (Mc 16, 15) e, ao mesmo tempo, teria uma viva memória de sua fraqueza, de seu medo e covardia... aquela terrível negação, que tanto o envergonhava, e aquele olhar do Senhor no átrio de Caifás (cf. Lc 22, 61), que lhe partiu o coração... Jesus havia confiado essa grande missão de converter o mundo inteiro a um rude e ignorante pescador, covarde e medroso. Imensa desproporção que ele e os outros apóstolos procuravam salvar com a oração, rezando durante muitos dias, talvez com palavras parecidas a estas que tantas vezes repetimos: "Vinde, Espírito Santo, enchei os corações dos vossos fiéis, e acendei neles o fogo do vosso amor!"... E, de repente, um vento impetuoso encheu toda

13

A FORÇA e a suavidade do Espírito Santo

a casa onde estavam; removeu não apenas os alicerces do edifício, mas também as estruturas psicológicas dos apóstolos; iluminou suas inteligências e acendeu nos seus corações um fogo tão intenso que emergia de suas cabeças em forma de chamas. E ficaram todos repletos do Espírito Santo. Então, aqueles ignorantes camponeses e pescadores da Galileia começaram a falar com tal eloquência que todos os entendiam em seu próprio idioma. E, naquele dia, converteram-se e batizaram-se cerca de três mil pessoas (cf. At 2, 41).

Depois de Pentecostes, os judeus, que haviam perseguido Jesus, começaram a ver como, de forma avassaladora, se propagava a Sua doutrina. Aquele fogo, que tentaram apagar, dando a morte a Nosso Senhor, se alastrava como um grande incêndio, atiçado por um vento desconhecido, que não era outro senão o vento do Divino Paráclito. Depois da conversão daquelas três mil pessoas, em poucos dias, o número dos discípulos chegava a cinco mil (cf. At 4, 4).

Os apóstolos pregavam a doutrina de Cristo com uma tal segurança, que assombrava a todos, já que eram considerados homens sem recursos e sem cultura (cf. At 4, 13). Viam-lhes transformados, falando com a autoridade de Cristo e operando com o poder de Cristo, como eles mesmos o afirmavam (cf. At 4, 10). E até a sombra de Pedro curava os enfermos (cf. At 5, 15).

Aqueles homens assemelhavam-se a seu Mestre por sua mansidão e humildade, por sua coragem e dignidade e, especialmente, por sua determinação jubilosa de dar a vida pelo Evangelho, a tal ponto que os judeus, que haviam querido dar morte a Cristo, agora se encontravam com muitos cristos: tantos como apóstolos e discípulos.

A oração ao Espírito Santo: Veni Creator Spiritus

Devemos prestar atenção a algo fundamental: esta maravilha divina, não a podemos considerar como uma realidade incrustada no tempo, perdida entre as névoas da história; é — tem que ser — uma realidade viva, atual, porque o poder de Deus não diminuiu e a grande força do Espírito está sempre renovando a face da Terra. Se tivéssemos uma fé tão pequena como um grão de mostarda, nós mesmos reproduziríamos os milagres do Evangelho e dos Atos dos Apóstolos. Por isso, coloquemo-nos ao lado de Maria, para fazermos cada um de nós a experiência íntima do Espírito Santo, para que em nós se torne realidade a maravilha de Pentecostes.

Não sentimos, nós também, porventura, essa imensa desproporção entre nossa missão cristã — sempre grandiosa! — e nossa miséria pessoal? Entre o fabuloso trabalho que teremos que realizar e as nossas limitações humanas, fraquezas, abandonos e desleixos? Entre a santidade que Deus, os nossos parentes, amigos e colegas esperam de nós e as nossas negligências e inconstâncias, as nossas sombras e pecados? E que fazer, irmãos? Desanimar-nos? Nunca! Aperfeiçoar nossa personalidade, ampliar nossa cultura ou a nossa erudição doutrinal, converter-nos, talvez, em conferencistas de renome, aumentar o círculo de nossas amizades, prestígios e influências...? Pode ser. Tudo isso pode ser útil, porém, será totalmente insuficiente. Há algo, sobretudo, indispensável: a renovação espiritual que o Espírito Santo opera em nossas almas. Uma renovação que postula um requisito prévio e indispensável: a oração. Não em vão, os apóstolos passaram muitos dias implorando a vinda do Paráclito. E só por meio dela puderam transformar sua debilidade em fortaleza. Façamos nós o

A FORÇA e a suavidade do Espírito Santo

mesmo. Oremos, irmãos! Clamemos nós também com as palavras de um antigo e conhecido hino: *"Veni, Creator Spiritus, mentes tuorum visita. Infunde amarem cordibus, infirma nostri corporis...!*; Vinde, Espírito criador, visitai as nossas mentes, infundi o amor nos nossos corações, tornai vigorosos os nossos corpos...!

Todas as técnicas de comunicação, todos os novos métodos de evangelização falham, quando falta a oração.

Há muitos séculos, a Igreja vem cantando esse hino comovedor do *Veni Creator Spiritus*, no qual cada palavra parece uma janela aberta a verdades de insondável profundidade. Um hino ecumênico, que se reza em todas as igrejas do mundo e que ouvimos com emoção, em muitas cerimônias como na da Ordenação Sacerdotal. "Este antigo cântico litúrgico" — escreveu o Papa João Paulo II, em sua *Carta aos sacerdotes*, por ocasião da Quinta-feira Santa de 1998 — "recorda na mente de cada sacerdote o dia de sua Ordenação, evocando os propósitos de plena disponibilidade à ação do Espírito Santo, formulados em circunstância tão singular. Rememora, igualmente, a especial assistência do Paráclito em tantos momentos de graça, alegria e intimidade, que o Senhor lhe fez saborear ao longo de sua vida".[1]

O que diz João Paulo II, referindo-se aos sacerdotes, poderia dizê-lo, mudando as circunstâncias, a cada um de nós, seja qual for a nossa condição.

Neste hino, dizemos orando: *Veni, Creator!* Vinde, Espírito Criador! Não falamos *do* Espírito Santo; falamos *ao* Espírito Santo. É um hino de teologia orante, onde suplicamos, vinde! Nós temos que falar, sem dúvida, do Espírito Santo, porém, muito mais, temos que falar ao Espírito Santo, conversar com o Espírito Santo, ao mesmo

---

1   Ver também as impressionantes confidências de João Paulo II em *Dom e Mistério. Por ocasião do 50º aniversário da minha ordenação sacerdotal*, Paulinas, São Paulo, 1996, pp. 52–53.

tempo que fazemos uma evangelização sobre o Espírito Santo. Uma evangelização no Espírito Santo, conduzidos pelo Espírito Santo, impregnados e transbordados pelo Espírito Santo.

Espírito Criador: passar do caos ao cosmos

Vinde, Espírito Criador! Não se diz somente "Espírito Santificador" — como estamos acostumados a ouvir — senão, também, Criador. "O Espírito Santo" — diz Santo Tomás — "é o princípio da criação".[2] Antes desse princípio não existia nada fora de Deus. E o nada, por um ato criador, foi-se transformando, talvez a partir de uma inicial explosão caótica de energia, numa ordenação cosmológica de harmonia, de sincronização e de beleza. A denominação "Espírito Criador" já vem do século IV, num sentido teologicamente correto, uma vez que em todas as operações *ad extra* (externas) de Deus atuam as três pessoas divinas, e, portanto, também o Espírito Santo. Mais ainda: Deus cria as coisas por amor, e o Amor em Deus é o Espírito Santo. O Criador faz passar o nada ao ser e o caos ao cosmos; transforma a matéria e a energia informes na beleza e na harmonia de um universo incomensurável, onde o macrocosmo, integrado por inatingíveis galáxias distantes milhões anos-luz, faz competição em formosura e em equilíbrio com o microcosmo, de que fazem parte uma insignificante libélula ou um precioso colibri... O caos, pela força criadora, se converte em cosmos. "Cosmos" significa, precisamente, acabamento, ornamentação, beleza, e parte da mesma raiz

---

2   São Tomás de Aquino, *Contra Gent.*, IV, c. 20.

A FORÇA e a suavidade do Espírito Santo

grega da que provém a palavra "cosmético", produto que
embeleza e rejuvenesce.

A ação santificadora do Espírito é também uma ação
criadora, embelezadora, que nos faz passar a nós mesmos
do caos ao cosmos, de nosso subconsciente confuso, da
loucura de uma imaginação disparatada, de um estado
de depressão, ansiedade e tristeza à harmonia de uma
atitude serena, ordenada e vibrante ao mesmo tempo.
Leva-nos dos nossos sonhos e devaneios megalomaníacos, da nossa ridícula vaidade, desse inconsistente querer
e não querer, a uma linha de procedimento coerente, em
que o acidental se subordina ao essencial e o interesse
próprio ao amor fraterno. O Espírito Santo nos faz
passar do caos ao cosmos, desse cruzar-se e entrecruzar-
-se de sentimentalismos paranoicos, dessas fantasias e
heroísmos absurdos, dessa personalidade complexa e
caótica a uma personalidade que, como em Cristo, o
humano e o divino, a ação e a oração se integram numa
profunda unidade de vida: uma personalidade equili-
brada, na qual se plasma a determinação constante e
heroica de cumprir os nossos deveres cristãos até as
últimas consequências.

Recordo-me de um amigo que me dizia, sorrindo:
"Muitas vezes quando me deito esgotado e não durmo o
suficiente, ao soar o despertador pela manhã sinto como
se, de repente, me encontrasse num mundo estranho onde
tudo me parece um absurdo; como se não acreditasse em
nada, nem na minha vocação cristã, nem em Deus. Em
minha cama, no meu quarto, na minha cabeça, no meu
coração parece como se se houvesse instalado o caos dos
caos... Então," — dizia-me ele como católico ilustrado que
era — "tenho o costume de rezar: *Veni, Creator Spiritus!*
Enviai, Senhor, Vosso Espírito e tudo em mim será criado
novamente; ordenai minha cabeça, tornai sereno o meu
coração, fazei-me entender as coisas retas... *Infirma nostri*

corporis, dai forças ao meu pobre ser...". E ele continuava dizendo-me: "Pouco a pouco, parece que vou saindo desse imenso caos e entrando no mundo da lucidez mental." E, como para sair de um clima transcendental e descer à realidade cordial do nosso diálogo, acrescentou em tom de gozação, com uma gargalhada divertida: "A lucidez me vem, especialmente, depois de uma boa ducha e de um café reforçado."

O caos, contudo, pode não nos assaltar apenas na hora de nos levantarmos, senão também em muitas outras situações da vida, em que sentimos a angústia, a solidão, a incompreensão, o desânimo, a desmotivação, a nostalgia sentimental, a sensualidade, a incapacidade, o orgulho desvairado, a frustração e o fracasso. Então, é uma excelente ocasião para dizermos: *Veni, Creator Spiritus!* Suplantai esta minha inveterada fraqueza por Vossa fortaleza criadora, ordenai meu coração... *Mentes tuorum visita*, visitai a minha pobre alma, sede Vós minha boa companhia... *Imple superna gratia*, enchei meu peito, gelado, com o calor da Vossa graça...

Frequentemente tenho verificado que, sem reparar nisso, muitos recorrem hoje a um psicanalista, quando em outros tempos acorreriam a um sacerdote. Um não substitui o outro. Todavia, frequentemente, vão ao analista porque se sentem confusos, caóticos; porque simplesmente necessitam ordenar suas vidas ou porque, querendo desabafar-se, como dizia Santa Teresa, vão em busca de um "desaguadouro", de uma confidência íntima. E tudo isso o encontrariam redimensionado na pessoa de um sacerdote disponível, imbuído do Espírito Santo, como um Dom Bosco ou um Cura d'Ars. O confessor não pode pretender ser um psicanalista, porém é, sem dúvida, um canal para a ação do Espírito Santo. E quantas vezes, como porventura já o experimentamos — quando não existe uma base patológica —, o Espírito Santo desempenha o papel

A FORÇA e a suavidade do Espírito Santo

do melhor "psicanalista" do mundo. Temos experiência do grande bem que os sacerdotes fazem, inclusive humanamente: retiram as pessoas do caos em que se encontram e as levam à paz e à harmonia interior.

João Paulo II, no extraordinário depoimento autobiográfico que faz precisamente por ocasião do 50º aniversário da sua ordenação sacerdotal, refere-se, com admiração e calor, à figura do Cura d'Ars — "prisioneiro do confessionário" — e ao insubstituível trabalho que todo sacerdote deve fazer, através do sacramento da penitência:

> No caminho de regresso da Bélgica a Roma, tive a sorte de parar em Ars. Estávamos no fim de outubro de 1947, era o domingo de Cristo-Rei. Com grande emoção, visitei a velha igrejinha em que São João Maria Vianney confessava, ensinava o catecismo e fazia as suas homilias. Foi uma experiência inesquecível. Desde os primeiros anos do seminário, eu tinha ficado impressionado com a figura do pároco de Ars, sobretudo depois da leitura da biografia escrita por Mons. Trochu. São João Maria Vianney impressiona sobretudo porque nele se revela a força da graça que age na pobreza dos meios humanos. Tocava-me profundamente, de modo particular, o seu heroico serviço no confessionário. Aquele humilde sacerdote, que confessava mais de dez horas por dia, alimentando-se pouco e dedicando ao descanso apenas algumas horas, tinha conseguido, num período difícil, suscitar uma espécie de revolução espiritual na França, e não só lá. Milhares de pessoas passavam por Ars e ajoelhavam-se em seu confessionário. Naquele clima de laicização e anticlericalismo do século XIX, o seu testemunho constituiu um acontecimento realmente revolucionário.[3]

---

3   João Paulo II, *Dom e mistério*, op. cit., pp. 65–66.

Os sacerdotes nunca podem perder a convicção de que realizam uma parte essencial da sua missão através do confessionário.

Nós acrescentaríamos: como é importante que acudamos todos nós, frequentemente — não apenas por ocasião da Páscoa ou do Natal —, ao sacramento da confissão! A nossa sensibilidade espiritual nos fará ver o que sempre ensinou a Igreja e, de forma insistente, João Paulo II: que, no sacramento da reconciliação, não encontramos somente o perdão dos pecados graves, mas também a força para superar os leves, as imperfeições, as falhas, as limitações do nosso temperamento, os naturais desânimos e abatimentos, e os maus hábitos adquiridos ao longo da vida. Por esta razão a assiduidade no sacramento da penitência, para confessar-nos dos pecados leves, é uma prática louvável e um extraordinário meio de progresso espiritual: a alma, assim purificada, sente com maior facilidade os amorosos toques do Paráclito.

Artífices da nova civilização do amor

O caos não se instala somente em nosso cérebro ou em nossa alma, senão, também, de forma genérica, na mentalidade característica do homem moderno, na personalidade complexa de um Karamasov, de um homem "kafkiano", ou no pensamento de um Jean-Paul Sartre, que denominava a vida como uma "experiência nauseante".[4] O caos domina boa parte do pensamento moderno

---

4   Jean Paul Sartre, *La Nausée*, Paris, 1960, pp. 163–164. Talvez a expressão mais clara e tremenda do pensamento de Sartre se encontre em Jean Cau, seu discípulo predileto: "Se Deus não existe, não te vejo somente perdido, meu amigo, meu semelhante, meu próximo. Se Deus não existe, tu, meu amigo, meu semelhante, meu próximo, és para mim uma porcaria...; não passas, homem, de um pobre excremento tagarelante" (Jean Cau, *La Pitié de Dieu*, Paris, 1961, p. 121).

A FORÇA e a suavidade do Espírito Santo

e pós-moderno, como disse Koestler: "Somos uma raça de doentes mentais";[5] ou Wiener: Somos "náufragos num planeta condenado";[6] ou, literalmente, Dostoiévski: "Se Deus não existe, não compreendo como um ateu não se suicida imediatamente".[7] Não é estranho que Bernard Charbonneau conclua que a cultura moderna termina sendo "um caos apocalíptico".[8]

Esse caos cultural, esse viver sem sentido, não se fixa no marco frio das elucubrações filosóficas, mas se plasma, infelizmente, na vida social, familiar e econômica. Assim o podemos observar em não poucos segmentos. A desvirtuação do sentido sublime do amor, convertido em vulgar explosão hormonal ou em experiência sexual desprezível. A inversão de valores que deseja substituir a paternidade e a maternidade entranháveis por uma asséptica "clonagem" que pretensiosamente equipara o cálido seio materno à proveta fria do laboratório. O caos que invade, também, o matrimônio mutilado pelo divórcio, a família dividida pela crise do egoísmo e da imaturidade, onde os filhos crescem, no dizer de João Paulo II, como "órfãos de pais vivos". O caos que configura, igualmente, um Estado que se serve antes a si mesmo e a seus próprios interesses do que ao bem comum. Uma empresa que está mais preocupada com seu próprio lucro do que com a igualdade de direitos e de oportunidades para todos, deixando a escória repugnante de barracos e "favelas" que se espalham pelas cidades. Uma estrutura socioeconômica mundial que se cristaliza numa situação de gritante desigualdade social dificilmente removível. A mensagem da X Assembleia Geral Ordinária do Sínodo dos Bispos, de 25 de outubro

---

5   Arthur Koestler, *Janus*, Paris, 1979, p. 114.

6   Nobert Wiener, *Cibernética e sociedade*, São Paulo, 1968, p. 40.

7   Fiódor Dostoiévski, *Les Possédés*, Paris, 1964, p. 608.

8   Bernard Charbonneau, *Le système et le chaos*, Paris, 1973, p. 173.

de 2001, desvenda apenas, num relance, um aspecto desse quadro: "Segundo observadores competentes da economia mundial, 80% da população do planeta vive com 20% dos recursos, ou seja, um bilhão e duzentos milhões de pessoas têm que viver com menos de um dólar por dia!" Esse estado de miséria dramática, de uma caótica desordem social, está reclamando indubitavelmente mãos de artífices. Na expressão de Ortega y Gasset, o caos cultural insufla essa "vulgaridade dominante" que desemboca numa fadiga generalizada, na saturação do prazer e no tédio existencial:[9] é a globalização da vulgaridade e da injustiça, o gregarismo da pobreza cultural e moral em detrimento da qualidade de vida, da dignidade humana e da irrenunciável filiação divina.

Esta situação em que estamos submergidos, e que, pleonasticamente, Charbonneau denominava "caos apocalíptico", representa um verdadeiro desafio para nós, os cristãos. Temos que ter uma resposta às incógnitas, injustiças, incertezas, incredulidades e angústias do mundo dos nossos contemporâneos. Para isso necessitamos estar à altura das circunstâncias, precisamos crescer, agigantar-nos. Devemos ter a convicção de saber que somos possuidores da Verdade Substancial, do verdadeiro sentido do homem e do cosmos; a coerência de levar essa convicção à realidade do mundo intelectual, científico, político-econômico e social, realizando nele uma verdadeira revolução de solidariedade e de amor. Temos que ter a coragem de empenhar-nos a fundo nessa missão, sem medo do que possam dizer, superando uma timidez covarde. E, para tão alto desafio, não temos outro meio a não ser operarmos em nós mesmos uma imperiosa renovação espiritual, tão forte, tão profunda, que nos possibilite ser os artífices de

---

9 Cf. José Ortega y Gasset, *A rebelião das massas*, Martins Fontes, São Paulo, 1987, pp. 67–68.

uma nova cultura, de uma nova solidariedade social, dessa "nova civilização do amor", a que inescusavelmente nos está convocando João Paulo II.

Assim o fizeram aqueles incultos galileus depois do extraordinário fenômeno de Pentecostes. A transformação que operaram no Império Romano foi radical. Voltemos a repetir: façamos, nós, queridas irmãs e irmãos, nossa pessoal e íntima experiência de Pentecostes. Sintamos em nossa debilidade a força emergente do Espírito Santo. Talvez nossa falta de preparação intelectual e científica, de cultura e de virtudes nos faça fraquejar diante de um tão imponente desafio, mas por isso mesmo — para conseguir a capacidade que não possuímos — temos que saber rezar: *Veni, Creator Spiritus!*, transforma este caos cultural e social num verdadeiro cosmos de beleza e de harmonia, onde os homens vivam como irmãos e como filhos de Deus! Vinde, Espírito Santo, convertei-me em artífice dessa transformação salvadora!

É verdade que não podemos cair num ingênuo e fechado fundamentalismo que pensa que a força do Espírito vai solucionar todos os problemas humanos; é verdade que a graça não substitui a natureza, nem a virtude a razão, nem a oração o empenho laborioso por conseguir um preparo cultural e científico à altura de desafios tão elevados, mas também é verdade que muito mais fez pela França um ignorante Cura d'Ars do que um seu contemporâneo, Lacordaire, eminente teólogo e pregador eloquente de Notre-Dame; e mais fizeram pela paz uma pobre moça como Joana d'Arc ou Catarina de Sena do que todos os embaixadores franceses e italianos do seu tempo; e mais beneficiou as missões a pequena Teresinha, que não saiu de Lisieux, do que um audaz missionário nas estepes mongólicas, ou no coração da África; e mais fez pelo povo de Cuba João Paulo II, em três dias, do que todas as delegações políticas e confabulações bélicas da Rússia ou dos

Estados Unidos, durante muitos anos. E no centro destas ações, em que os meios humanos eram completamente desproporcionados para conseguir os resultados obtidos, atuava a infinita potência do Espírito Santo.

O fato é que a santidade, fruto da ação do Paráclito, derruba muralhas. Está numa outra ordem de valores, fora de toda lógica humana. Sobrepassa todas as medidas. Por isso, renovar as estruturas sociais exige, também, renovar nossa vida espiritual, renovar de forma premente o sentido de nossa santidade pessoal.

É por esta razão, reiteramos, que haveremos de clamar sempre: *Veni, Creator Spiritus!...* Vinde, Espírito recriador. Renovai, conosco, também as estruturas! Inculturai-nos na vida dos nossos povos e no coração dos nossos concidadãos! Vinde, Espírito Santo, renovai a face da Terra!

O dedo escultor do Pai

Assim continua rezando o hino do *Veni Creator Spiritus*: *Digitus Paterne Dexterae*. O Espírito Santo é o instrumento digital de Deus. O dedo escultor da mão direita do Pai, com o qual vai moldando em nós a figura de Seu Filho Jesus. É uma metáfora muito rica de conteúdo e muito fecunda em aplicações, porque, pelos dedos da mão, especialmente da direita, passa nossa habilidade construtiva e criadora. Por isso a Sagrada Escritura põe a habilidade de Deus em Suas mãos: as tábuas da Lei foram escritas pelo dedo de Deus (cf. Dt 9, 10); e os céus são obra dos dedos de Deus (cf. Ex 8, 19).

Stephan Zweig narra em suas *Memórias* a visita que fez ao ateliê do famoso escultor Auguste Rodin. Mostrava-lhe uma escultura e outra e, pensativo, ficou parado diante de uma figura que ainda estava em barro úmido. "É a minha última obra", disse. De repente, começou a acariciar com

A FORÇA e a suavidade do Espírito Santo

o dedo indicador de sua mão direita uma das curvas daquele corpo humano e murmurou em voz baixa: "Está um pouco rígida." E, esquecendo-se da presença do escritor, passou meia hora suavizando seu perfil. Parecia estar em êxtase. Quando caiu em si, envergonhado, pediu desculpas. Stephan Zweig agradeceu a demora: acabava de descobrir a paixão do artista por sua obra. Era sua criação. Como um filho de seu gênio artístico.

Quando acabei de ler esta crônica, reportei-a imediatamente a Deus. E pensei: Deus Pai quer fazer de cada um dos seus filhos uma obra-prima, e tem como escultor genial o Amor substancial que Ele nutre por Seu Filho, e que se chama Espírito Santo.

O Espírito Santo, delicada e pacientemente, com o esmero e cuidado de um escultor, vai suavizando os perfis rígidos, vai transformando a massa informe das nossas ideias e dos sentimentos confusos e nebulosos nos claros e precisos contornos da personalidade de Cristo; vai perfilando com seus dedos prodigiosos as linhas definidoras do nosso ser, até chegar a converter-nos na amável figura de Jesus.

Como escreve João Paulo II, citando São Cipriano, "o cristão é outro Cristo" — *Christianus alter Christus*.[10]

Se o cristão tem que ser outro Cristo, é insubstituível para ele a ação persistente, misteriosa, oculta, porém extremamente eficaz, do Espírito Santo, que corta e acrescenta, que suprime e aumenta, que golpeia e acaricia. Assim devemos encarar as contrariedades e as consolações que Deus quer ou permite: como um trabalho escultural do Espírito Santo.

Um pensamento muito caro a São Tomás de Aquino revela-nos que cada ser humano, a seu modo, representa uma "ideia divina encarnada", como um projeto divino

---

10   João Paulo II, op. cit., p. 193.

que deve concretizar-se. Para sua realização perfeita o Espírito Santo, por assim dizer, se empenha a fundo. Nisso encontramos a razão de ser das purificações e provas pelas quais Deus faz passar as pessoas. Quanto mais eminente é o projeto a que as destina, quanto mais alta a glória à qual são chamadas, tanto mais severas e rigorosas serão as suas intervenções. A vida dos santos nos prova esta verdade: eles são tratados com um rigor difícil de ser entendido, mas também com uma suavidade e consolação inigualáveis. Santa Teresa d'Ávila, tão favorecida pelas doçuras do Espírito, queixava-se um dia ao Senhor da dureza das suas exigências. E ouviu como resposta: "Teresa, assim é que eu trato os meus amigos." E Teresa, com o desenfado e a confiança que a caracterizava, respondeu: "É por isso que tendes tão poucos."

Saibamos encarar assim as provações que sofremos na vida, as contrariedades, fracassos, doenças e separações, saibamos entrar, caríssimos irmãos e irmãs, todos os dias, no ateliê modelador do Espírito Santo, que é o âmbito da oração, o ambiente recolhido da capela do Santíssimo, onde, diante do Escultor Divino, recebemos luzes para entender essas purificações e encontramos ajuda para nos deixarmos entalhar, cortar, cinzelar, polir *sicut lutum in manu figuli* (Jr 18, 6), como o barro nas mãos do oleiro. Digamos-lhe ali, talvez, as palavras que me deixou escritas, como oração pessoal, um velho amigo sacerdote: "Divino Escultor, Espírito Santo, vem esculpir-me segundo o gosto e o querer do Pai. Vem, e arranca as arestas e imperfeições que desfiguram em mim a imagem do Teu Filho Jesus." Assim, orando, um dia e outro, pouco a pouco, iremos convertendo-nos em alguém que pode dizer, como São Paulo: *Mihi vivere Christus est*, "O meu viver é Cristo" (Fl 1, 21). "Já não sou eu que vivo, é Cristo que vive em mim" (Gl 2, 20).

Abba, Pai

E esse Cristo, que sou eu, sente clamar dentro de si, com gritos inefáveis, aquele *Abba, Pai*, a que se refere também São Paulo (cf. Rm 8, 15; Gl 4, 6). "*Abba*" é, como sabemos, o apelativo carinhoso que utilizavam as crianças hebreias para chamarem a seus pais de "papai". É maravilhoso, é inacreditável, que uma pobre criatura tenha o atrevimento de chamar o Criador de todos os universos de "papai". E isso é obra do Espírito Santo. Recordo que, pregando um retiro numa fazenda em Miguel Pereira, próximo ao Rio de Janeiro, e, estando já deitado, escutei um gemido lancinante que provinha do jardim. Procurei cobrir-me bem com o cobertor, para não o escutar e poder dormir. Mas não conseguia. Era um lamento agudo, persistente. Parecia o pranto de uma criança. Que estranho! Levantei-me. No meio da noite escura, o lamento parecia-me mais dramático e menos humano. Fui-me aproximando, pouco a pouco, enquanto o gemido lastimoso ia aumentando. De repente encontrei ali, no meio da relva, um cachorrinho assustado, abandonado e tremendo de frio. Então, tomei consciência de que a cadela da fazenda, a Baronesa, como a chamavam, acabava de ter filhotes. Recolhi entre as minhas mãos o pequeno animalzinho e o coloquei à altura de meu rosto. Continuava gemendo e, com seus pequenos olhos, parecia que me perguntava: "Quem é você?" E eu lhe respondi: "Sou seu amigo, não se preocupe que vou levá-lo à sua mãe." Comecei a acariciá-lo, enquanto ele agitava alegremente o rabinho e farejava a minha face. Começou a lamber-me uma e outra vez. Confesso que me encantou. Comecei a sentir uma ternura que poderia chamar de "paterna". A solidão, o abandono e a fragilidade dessa criaturinha, na escuridão e no gelo da noite, faziam-me sentir verdadeiramente enternecido. Coloquei, então, o cãozinho no peito da Baronesa e ele começou a mamar esfomeadamente. Poucos minutos depois, dormia sereno debaixo do olhar protetor de sua mãe.

Já deitado novamente, invadiu-me uma profunda emoção. E pensei: Se eu, que não tenho nada que ver com esse animalzinho, senti uma ternura tão grande diante de sua tristeza e de seu abandono, quanto mais sentirá por mim, no meio dos meus gemidos, esse Pai que me criou, que me escolheu para o sacerdócio *ante mundi constitutionem* (Ef 1, 4), antes da criação de tudo o que existe, e que me amou até o ponto de entregar Seu Filho para morrer por mim numa Cruz. Foi então que, pela primeira vez, de maneira espontânea, comecei a clamar "*Abba, Abba,* papai, papai, papai"... e não conseguia parar. Foi, sem dúvida, o Espírito Santo. Agora, quando me sinto só, recordo-me de um pobre cachorrinho gemendo em meio à noite e, como por um reflexo condicionado, vêm-me aos lábios umas palavras: papai, papai, papai.

Talvez esse sentimento vivido por mim seja um reflexo da profunda experiência que teve um sacerdote, do qual aprendi quase tudo o que espiritualmente sei, com quem convivi durante anos e que agora tenho a ventura de ver nos altares. Escutei, em várias ocasiões, de São Josemaria Escrivá, fundador do Opus Dei, a narração de sua experiência, vivida no meio de suas primeiras contrariedades, que foram muitas, da incompreensão de tantos e da incapacidade que sentia para realizar a Obra divina que Deus lhe havia encomendado. O fato aconteceu no dia 16 de outubro de 1931, e nos foi narrado diretamente por ele:

> Senti a ação do Senhor que fazia germinar no meu coração e nos meus lábios, com a força de algo imperiosamente necessário, esta terna invocação: *Abba! Pater!* Estava na rua, num bonde (...). Provavelmente fiz aquela oração em voz alta. E andei pelas ruas de Madri, talvez uma hora, talvez duas, não o posso dizer, o tempo se

A FORÇA e a suavidade do Espírito Santo

passou sem o sentir. Deveriam tomar-me por louco. Estive contemplando, com luzes que não eram minhas, essa assombrosa verdade, que ficou acesa como uma brasa na minha alma, para não se apagar nunca.[11]

Naquela jornada, num dia de muito sol, não só soube, mas sentiu a profundidade misteriosa da filiação divina, que, por impulsos do Espírito Santo, no meio da rua, fazia-lhe clamar: *Abba, Pater!* Abba, papai! E essa consciência da filiação divina foi o fundamento de sua vida espiritual e a enorme força com que conseguiu sobrepassar todas as dificuldades, como a torrente das águas sobrepassam todas as montanhas: *inter medium montium pertransibunt aquae* (Sl 104, 10), palavras estas que o próprio Espírito Santo também gravou, a fogo, no fundo de sua alma.

A alma sacerdotal do leigo

Todos nós, destinados a sermos outros cristãos, como os apóstolos, por obra do Escultor Divino, temos dentro da alma o arquétipo no qual devemos transformar os nossos irmãos, os homens: fazer deles, também, outros cristãos. Não pensemos que essa tarefa está reservada apenas aos sacerdotes. Nós todos temos também essa responsabilidade. Cada batizado — você, minha irmã, meu irmão — tem o sacerdócio real que nos foi conferido pelo sacramento do batismo. Você leva, no fundo da sua alma, gravado o sacerdócio de Cristo. Você tem alma sacerdotal, de acordo com o que nos diz São Pedro: "Vós sois raça escolhida, um sacerdócio régio, uma nação santa, um povo adquirido para Deus" (1 Pe 2, 9). Você

---

11   Cit. por Andrés Vázquez de Prada, *El Fundador del Opus Dei* (vol. I), Ediciones Rialp, Madri, 1997, p. 390.

tem a responsabilidade de formar os outros, de esculpir nos outros a personalidade de Cristo.

Gostaria que isto o entendessem especialmente as mulheres. Talvez algumas podem sentir a frustração de não poderem se ordenar sacerdotes. Que não se sintam decepcionadas. Vocês, queridas irmãs, estão destinadas a desempenhar uma tarefa sacerdotal insubstituível: comunicar à Igreja a suavidade, a sensibilidade e a ternura que Deus lhes deu, concretizando assim essa vossa alma sacerdotal de uma forma peculiar. Toda mulher tem um instinto maternal que se sublima numa maternidade espiritual completamente singular, capaz de dar à nossa Mãe Igreja a amabilidade, a dedicação abnegada e a tenra finura que todo lar exige. À família da Igreja não lhe pode faltar essa dimensão feminina, maternal, que não deixa de ser uma manifestação específica e genuína da alma sacerdotal.

Assim como a mãe esculpe, forma o caráter dos seus filhos nas prolongadas tarefas domésticas dentro do lar, em que, como num ninho, as crianças crescem e se educam cristãmente, da mesma maneira a mulher, dentro do âmbito eclesial, tem características próprias para formar a personalidade das crianças, adolescentes e jovens. De forma semelhante, o toque feminino sabe dar às funções litúrgicas e a algumas pastorais — como a da Família, do Menor, do Batismo e da Catequese, entre outras — uma qualidade específica incomparável.

A mulher tem que desenvolver a sua própria personalidade sem se deixar levar por um ingênuo espírito de imitação do homem ou do sacerdote, que a poderia conduzir a um certo sentimento de inferioridade, impedindo-lhe a realização de suas possibilidades extraordinárias e originais. Se é coerente com estas características genuinamente femininas, poderá vir a encarnar a maior personalidade humana existente depois de Jesus Cristo:

A FORÇA e a suavidade do Espírito Santo

a personalidade de Maria, Mãe do Sumo e Eterno Sacerdote, Esposa do Espírito Santo, paradigma da alma sacerdotal que possui todo fiel cristão.[12]

De certa forma, todo escultor vê antecipadamente a sua obra-prima escondida dentro do informe bloco de pedra, pois antes de esculpi-la já a tem ocultamente, aninhada no seu ansioso peito de artista, nos olhos de sua imaginação sonhadora, da mesma forma que Michelangelo, segundo dizem os seus biógrafos, viu antecipadamente o grandioso Moisés entre as abruptas rugosidades de um grande bloco de mármore, lá nas pedreiras de Carrara.

Todo cristão, imbuído do Espírito Santo — com autêntica alma sacerdotal —, tem que ser o escultor dos seus irmãos, como se fosse o *digitus paternae dexterae*, esse instrumento modelador do contexto social e cultural que o rodeia. Vivemos em uma época confusa, inconsistente, sem fundamentos sólidos, informe, que se alicerça numa filosofia frágil, pragmatista, sem altura, sem metafísica, sem visão das causas finais, sem um sentido para sofrer, para viver e para morrer. O cristão tem que ser o grande artífice que saiba dar consistência à fraqueza do pensamento moderno, àquilo que o filósofo italiano Gianni Vattimo, em sua obra *La fine de la Modernitá*, denominava "pensiero debole", referindo-se ao lânguido pensamento do fenômeno pós-modernista.

Muitas vezes já se designou o nosso século como o século da angústia; angústia que parece a síndrome de uma enfermidade característica de nosso tempo. "Como a peste nos séculos precedentes" — disse o escritor alemão Wassermann —, "como a febre amarela nos trópicos, agora faz estragos a doença da alma, a epidemia moral, a desagregação do sentido da vida (...), uma espécie de

---

12   Cf. São Josemaria Escrivá, *Questões atuais do cristianismo*, Quadrante, São Paulo, p. 225.

neurose epidêmica".[13] E nós temos que ser os médicos, os reconstrutores do organismo social, para curar essa enfermidade difusa, que não está localizada como um tumor, que anda diluída como líquido linfático em todo o sistema circulatório da sociedade.

"Se forem analisadas as expectativas que o homem contemporâneo nutre" — escreve João Paulo II —, "ver-se-á que, no fundo, há nele uma única e grande expectativa: ele tem sede de Cristo".[14] Todo o resto — o que lhe falta do ponto de vista econômico, social, político — pode pedi-lo a muitos outros, mas a nós, os cristãos, que temos o segredo do sentido da vida, pede Cristo! E eles têm direito de recebê-Lo, através das nossas mãos, fundamentalmente mediante o nosso trabalho evangelizador.

Esta sede de Deus, esta sede de absoluto, esta sede de felicidade, adquiriu hoje — nesta imensa secura de valores espirituais — uma feição dramática. Os homens procuram a felicidade — procuram Deus — de qualquer forma e a qualquer preço. Parece que a humanidade ficou louca de desespero. Nada a acalma. Procura o absoluto no primeiro que encontrar à mão: no ritmo desenfreado de vida, no sexo selvagem e na droga. "A droga" — escreve Ratzinger — "é uma forma perversa de mística, a degradação da sede de infinito que o homem sente".[15]

O último quadrante do século XX e a primeira década do XXI estão povoados de misticismos estranhos, de filosofias panteístas com ressonâncias ecológicas, de religiosidades esotéricas, de espiritualismos etéreos, que parecem confluir para um nome tão difuso como atrativo — a *New Age*, que clama por mãos de artista que convertam essa

---

13   Jakob Wassermann , *Etzel Andergast*, Buenos Aires, 1946, p. 367.

14   João Paulo II, op. cit., p. 98.

15   Joseph Ratzinger, "El ocaso del hombre y el reto de la fé", em *Jornal ABC*, Madri, 31/03/1988, p. 27.

massa heterogênea e complexa num autêntico humanismo integral, alheio a qualquer reducionismo que mutile o homem de sua dimensão transcendental. Está suspirando ansiosamente por alguém que satisfaça essa sede de Cristo de que nos fala João Paulo II. E a fonte que pode satisfazer esses sequiosos anseios é, primordialmente, a vida de Cristo, que nós, como seus apóstolos, temos obrigação de viver para depois transmitir.

E esses artífices, reitero, somos nós, queridos irmãos, queridas irmãs, porque a nós foram ditas essas palavras: "Dou-te o poder sobre as nações e sobre os reinos, para arrancar e demolir, para edificar e plantar. A partir de hoje faço de ti uma fortaleza, coluna de ferro e muro de bronze. Eles te combaterão, mas não te conseguirão vencer, porque eu estou contigo para livrar-te" (Jr 1, 18-19).

Sublinhei muitas vezes, oralmente e por escrito, o papel fundamental e insubstituível do leigo na construção das "realidades terrestres".[16] Esta tarefa compete especificamente ao cidadão comum, como o indica a *Lumen Gentium*[17] e também o sublinha o apelo final da *Populorum Progressio*: "Pertence aos leigos, por suas livres iniciativas e sem esperar passivamente ordens e diretrizes, imbuir de espírito cristão a mentalidade e os costumes, as leis e as estruturas sociais." No mesmo sentido a mensagem, a que já fizemos referência, da X Assembleia Geral Ordinária do Sínodo dos Bispos de 25 de outubro de 2001, nos incita a promover a vocação originária dos leigos, que é dar testemunho do Evangelho no mundo. Destaca que, por causa do seu comprometimento familiar, social, cultural, político e pela sua inserção no coração dos "areópagos

---

16   *Lumen gentium*, Concílio Vaticano II, n. 33.

17   Ibid. n. 31.

modernos",[18] estão conclamados a continuar preenchendo o fosso que separa a fé e a cultura.[19]

Sim, queridos irmãos e irmãs, nós somos os médicos da alma, os escultores, os construtores, os arquitetos dessa nova civilização do amor que desponta no terceiro milênio cristão. E o Espírito Santo, *fons vivus, ignis, caritas* — fonte viva, fogo e amor —, é nosso professor e nosso mestre de obras.

O amor e o dom de sabedoria

Continuemos fazendo nossa pessoal experiência de Pentecostes. Sintamos, no mais profundo de nossa alma, o fogo do Espírito Santo. Digamos-lhe muitas vezes, com a letra de nosso hino: *Veni, infunde amorem cordibus*, enche meu coração de amor!

Deus é amor (1 Jo 4, 16). O Espírito Santo, já o dissemos, é o amor mútuo e substancial entre o Pai e o Filho.

Por isso, disse Bulgakov: "Se Deus é Amor, o Espírito Santo, na Trindade, é o Amor do Amor."[20] O amor é simbolizado pelo fogo. Nosso Deus — disse a Epístola aos Hebreus — "é um fogo devorador" (Hb 12, 28).

Façamos, sim, uma experiência íntima de Pentecostes. Deixemo-nos invadir por esse fogo de amor. Peçamos ao Doador dos sete dons — *Tu, septifomis munere* — que nos outorgue o mais sublime dos dons, o de Sabedoria, que é precisamente o dom que aperfeiçoa e sublima a virtude

---

18 Tribunal ateniense onde São Paulo com essa expressão fez um importante discurso. Os documentos da Igreja referem-se a um ambiente afastado do cristianismo como pode ser, por exemplo, o mundo intelectual, universitário ou artístico.

19 Veja-se esta ideia desenvolvida de forma extensa em alguns dos nossos trabalhos, como *La Iglesia y la política*, Istmo, México, 1970; *Relações entre a Igreja e o Estado*, José Olympio, Rio de Janeiro, 1989, pp. 290–314.

20 Bulgakov, *Le Paraclet*, Paris, 1976, p. 74.

A FORÇA e a suavidade do Espírito Santo

da caridade: o amor. Um dom que supera todo raciocínio humano, que nos oferece uma ciência intuitiva, um instinto sobrenatural, um conhecimento saboroso e experimental de Deus. Nesta ordem eminente, a palavra "sabedoria" significa, ao mesmo tempo, saber e sabor. Ela nos faz saborear, por certa conaturalidade e empatia, as coisas divinas. Esse *dulce sapere* de que nos fala Santo Tomás no hino *Adoro te devote*, esse gosto do divino que se sente no paladar da alma per *quandam experientiam dulcedinis* — por uma inefável e doce experiência — como disse a *Suma Teológica*,[21] é o que sentem os que estão inundados deste supremo dom do Espírito Santo.

É nesta atmosfera que a virtude da caridade se transforma, de um modo divino, em amor ardente, em fogo devorador; o mesmo fogo que, em chamas, crepitava sobre as cabeças dos apóstolos em Pentecostes; o mesmo que pode arder na alma de cada um de nós, como tão belamente o revela o melhor poeta de Castela:

> *Oh! chama de amor viva, que ternamente feres*
> *de minha alma o mais profundo centro! Oh! cautério suave*
> *Oh! regalada chaga, Oh! mão branda!*
> *Oh! toque delicado que a vida eterna sabe e toda pena apaga!*[22]

Não há experiência humana, temporal, que a essa se possa comparar, pois a vida eterna sabe! E a ela nós também poderemos chegar, porque representa uma consequência normal da graça santificante recebida no batismo. Não se pense, pois, que essas expressões e essas vivências estão encerradas somente no mundo reduzido do místico; elas entram no caminho normal da santidade, à qual estamos chamados todos os homens. O rigor científico

---

21   São Tomás de Aquino, *Summa Theologica*, I^{a}II^{ae}, q. 112, a 5.

22   São João da Cruz, "Canções da alma e chama de amor viva", pp. 37–38.

FAZER UMA EXPERIÊNCIA PESSOAL NO ESPÍRITO SANTO

de um físico e matemático, como Leibniz, não impediu que, em seu grande tratado filosófico, dissesse:

> Jesus Cristo quis que a Divindade fosse não somente o objeto do nosso temor e da nossa veneração, senão, também, do nosso amor, da nossa ternura (...). Seu desejo era fazer os homens felizes de antemão, dar-lhes, já aqui na Terra, um antecipado sabor da felicidade futura. Pois não há nada tão agradável como amar o que é digno de amor (...) e não há nada mais perfeito do que Deus, e nada mais encantador do que Deus.[23]

Não é surpreendente que um homem de pensamento grave, austero, rigorosamente científico, como foi Leibniz, inventor do moderno cálculo infinitesimal, aplique a Deus estas duas palavras: *ternura* e *encantador*? Não nos faz pensar que o Deus das forças cósmicas seja — também para um cientista — o Deus dos corações, o Deus do qual brotam o encanto e a ternura amorosa que pode suscitar a criatura mais bela e mais sensível? Não nos comove pensar que a felicidade consiste em amar com ternura Aquele que é infinitamente encantador? Não se poderiam comparar estas expressões de Leibniz às do poeta castelhano que nos disse que a experiência íntima do Espírito na alma "a vida eterna sabe e toda pena apaga"? Isto não nos ajuda a ponderar que não é lógico nos envergonharmos de falar com vibração do amor de Deus para todos? Por que temos medo de que nos rotulem de "beatos" ou de que nos julguem, por acaso, intimistas sentimentais? Um homem apaixonado nunca tem vergonha de falar com entusiasmo do objeto da sua paixão.

Este amor, que nos leva a viver como "contemplativos no meio do mundo", fazendo "extraordinariamente bem as

---

23 Leibniz, *Discurso sobre la Metafísica*, 36, 37, em Julián Marías, *La Felicidad Humana*, Alianza, Madri, 1981, p. 124.

A FORÇA e a suavidade do Espírito Santo

coisas ordinárias de cada dia", "convertendo a prosa diária em verso heroico" — nas expressões cunhadas por São Josemaría Escrivá —, nos leva, também, como num voo de ascensão, pelas regiões superiores onde impera a liberdade, e nos faz considerar os valores humanos com visão sobrenatural que é a única visão realista, já que é a visão de Deus. Uma visão sobrenatural que nos liberta dessas ataduras do material e do mesquinho, do dinheiro e do prazer, em que estão amarradas tantas pessoas e, infelizmente também, alguns dos católicos praticantes que nos rodeiam. Uma visão sobrenatural que fazia rir a Santa Teresa, ante a atitude de Dona Luisa de La Cerda, lá em Toledo, deslumbrada por seus diamantes, que a ela lhe pareciam uns "vidrinhos um pouco mais brilhantes do que os outros".[24] Uma visão sobrenatural que levava São Luís Gonzaga a ponderar, em todas as circunstâncias de sua vida: *quid ad aeternitatem*, que representa isto para a eternidade?

O ardente Amor de Deus, que suscita o dom de Sabedoria, conduz igualmente a um estado de esquecimento de si próprio que nos orienta a amar com profunda ternura, inteiramente sobrenatural, todos os homens, especialmente os pobres, os enfermos, e os que sofrem. Às vezes, o Amor de caridade que abrasa o coração de um homem de Deus é tão grande que transborda ao exterior em divinas loucuras, desconcerta a prudência e os cálculos humanos, como um São Francisco de Assis que se abraçou apertadamente a uma árvore — como criatura de Deus —, querendo com esse gesto reunir, num grande abraço, toda a criação universal, saída das mãos de Deus e todos os homens, seus irmãos.

O Amor é difusivo por si mesmo. Tende a irradiar e a comunicar-se. Por isso os apóstolos, até então tímidos, medrosos, fechados em seu covarde mutismo, ao sentirem

---

24   Santa Teresa de Ávila, *Livro da Vida*, 38, 4.

o fogo do Amor nos seus corações, impulsionados pelo Espírito Santo, começaram a falar audazmente das *magnalia Dei*, das maravilhas de Deus.

Expressivamente diz São Bernardo: "Se tens bom senso serás mais concha do que canal."[25] O canal deixa passar simplesmente a água sem reter uma gota; a concha, pelo contrário, primeiro se enche a si mesma e depois extravasa o que lhe sobra da sua plenitude. E São Bernardo acrescenta: "Hoje temos muitos canais na Igreja, mas poucas conchas."[26] Sejamos, pois, caríssimos irmãos no sacerdócio, antes de mais nada, conchas, e da abundância do coração falará a boca. Esta é a verdadeira eloquência apostólica, que os fiéis entendem e saboreiam, como por uma intuição suscitada pelo Espírito Santo, e são movidos intimamente com aquela eficácia própria de Pentecostes: os apóstolos ficaram cheios do Espírito Santo e começaram a falar e os ouvintes sentiram-se compungidos de coração... sendo incorporadas aquele dia (à Igreja) cerca de três mil almas (At 2, 4.41).

Também nós poderíamos dizer como São Bernardo que hoje, na Igreja, temos muitos canais e poucas conchas, poucos corações sacerdotais que derramem nos outros o que eles têm em plenitude. Quantas pessoas sentem hoje fome e sede de Deus e não encontram quem lhes dê esse pão que nutre a alma e essa água que satisfaz os seus anseios de eternidade! Que pena que muitos que procuram no padre uma fonte de sabedoria e de paz encontrem só um "administrador" de assuntos paroquiais, um líder de programas pastorais! Que triste seria que os homens e as mulheres que nos rodeiam não descobrissem em nós um reservatório de energias espirituais, um lago de mansidão, um oásis de serenidade!

---

25 São Bernardo, *In Cant. Serm*, 18.

26 Ibidem.

É preciso que sejas "homem de Deus", diz *Caminho*, homem de vida interior, homem de oração e de sacrifício. O teu apostolado deve ser uma superabundância da tua vida "para dentro".[27]

Palavras que são como que uma ressonância de Chautard, no seu conhecido livro *A alma de todo apostolado*: "As obras de zelo não devem ser outra coisa que o desdobramento exuberante da vida interior."[28]

Nós temos que tornar possível que se realize em nós aquele segredo de Pentecostes: a eficácia transborde da plenitude interior, a palavra sai do coração, como a seiva da fibra lenhosa, como a rosa brota da roseira, porque já não pode aguentar tanta primavera que leva dentro. A paixão evangelizadora tem que ser, antes de tudo, uma paixão de Amor. Então é quando o coração transborda como um rio dilatado pelo temporal, para fecundar outras vidas humanas, para levar aos outros uma felicidade que ultrapassa as medidas de nossa limitada capacidade humana.

---

27 Josemaria Escrivá, *Caminho*, Quadrante, São Paulo, 2022, n. 961.

28 Jean-Baptiste Chautard, *L'âme de tout apostolat*. Vitte, Lyon, 1934, p. 52.

CAPÍTULO II

RENASCER NO ESPÍRITO SANTO

Fazer a experiência íntima de Pentecostes leva-nos a compreender que devemos viver antes o que queremos que os outros vivam depois. Nas veredas espirituais, que são como atalhos de montanha, não bastam os letreiros que indicam o caminho, e que ficam imóveis. São necessários guias, que se coloquem à frente, que tenham o caminho encarnado, que digam com a força de uma convicção arraigada: "Sigam-me! Façam o que eu digo e façam o que eu faço!" Nós temos que ser esses guias. Temos que ser como o Espírito Santo que — *ductore sic te praevio* — abre caminhos como condutor, como guia, como líder, segundo reza esse nosso antigo cântico litúrgico. Nisso encontramos o segredo de nossa liderança. Esta autenticidade, esta convicção, esta coerência é o que verdadeiramente arrasta. É assim que um cristão se converte num pioneiro da santidade que abre novos caminhos e fronteiras, levando detrás de si uma multidão de homens, talvez irresolutos, confusos e dubitativos.

Não podemos ser apóstolos teóricos, de laboratório, que falam de coisas que aprenderam nos livros sem digeri-las antes no coração, e sem experimentá-las depois na prática. Paulo VI dizia que "o homem moderno está mais disposto a escutar as testemunhas do que os mestres; e quando ele escuta os mestres é porque antes eles foram testemunhas".[1]

---

1   Paulo VI, Exortação Apostólica *Evangelii Nuntiandi*, 8/12/1975.

A FORÇA e a suavidade do Espírito Santo

Diz um ditado popular: "As palavras passam e os exemplos arrastam." Sem ser comediantes, sem costurar artificialmente na boca palavras postiças, sem converter-nos, como disse o Salmo 51, em "fabricantes de mentiras", sem representar o ridículo "papel" de santos, temos, todavia, que falar com vibração, temos que nos comover e saber comover os outros, e, se é necessário, chorar e fazer chorar quando nos colocamos, frente a frente, diante dessas impressionantes manifestações de Amor que ostentam a Paixão de Cristo, a eucaristia, e, em outro nível, os atos heroicos de uma mãe que dá a sua vida por um filho, de um apóstolo que se faz leproso com os leprosos, de um sacerdote que entrega a sua vida, gota a gota, no trabalho desgastante de uma atividade pastoral... Se não falamos com entusiasmo dessas comovedoras verdades e experiências cristãs, parece que nos falta fé, convicção. Por acaso não se emocionam, até às lágrimas, os que verdadeiramente amam, quando perdem ou encontram o objeto de sua paixão? Muitos cristãos têm um estranho pudor ou um medo de fazer o ridículo quando falam das coisas de Deus: ou lhes falta paixão, ou lhes sobram vergonha humana e vaidade.

Convertamo-nos para converter

Raniero Cantalamessa, o pregador da Casa Pontifícia, nos falava, no curso para bispos brasileiros que tivemos no Rio de Janeiro em 1998, de uma importante experiência pessoal. Prestigioso professor da Universidade de Milão, com um salário bem retribuído e um futuro garantido, sentiu, um dia, uma pontada interior, como se fosse uma insinuação do Espírito, que lhe dizia: "Não podes converter-te num técnico do ensino, não podes limitar-te a ser um prestigioso acadêmico." Pensamento este que

42

começou a produzir nele uma verdadeira revolução interior e que veio a provocar-lhe uma mudança completa. Um dia, fez sua oração assim: "Senhor, te peço que eu não morra como um professor universitário aposentado." A partir dessa oração, se lançou, como *il poverelo* de Assis, por esses mundos de Deus a pregar o Evangelho. Pouco tempo depois, deixou por escrito esta frase: "Raniero Cantalamessa, como professor universitário, está morto." Mas o morto estava muito vivo e terminou convertendo-se no pregador do Papa.

Não seria conveniente, porventura, que na nossa oração, nos nossos retiros espirituais, nos propuséssemos alguma vez essa questão crítica: Não me estarei convertendo numa espécie de burocrata das coisas de Deus? Não chegarei, passados os anos, a identificar-me com a triste figura de um homem que se aposentou do seu cristianismo, da sua vocação à santidade? O cristianismo é sempre paixão. Um homem apaixonado nunca se aposenta do Amor! Que pena dá ver um apóstolo, que deveria ser uma chama de amor vivo, convertido num monte de cinzas apagadas ou no fogo fátuo de um cemitério!

Não podemos vir a ser funcionários, tecnocratas das coisas sagradas; personalidades de aparência exemplar, mas frios, sem vida: cadáveres anatomicamente perfeitos, porém, sem vibração.

Quando começamos a perceber que entramos num certo processo de "necrose", de abandono, de rotina maquinal nas confissões, na participação da Santa Missa, na forma de escutar uma homilia, nos detalhes de esmero da vida de piedade, temos que reagir... Devemos ter verdadeiro pânico dessa caricatura do amor que se chama tibieza, mornidão espiritual. Os autores espirituais falam de uma segunda conversão, mas na realidade pode haver uma terceira, uma quarta; pode haver muitas conversões. Temos que ter a decisão de pôr um ponto final nesse processo de

A FORÇA e a suavidade do Espírito Santo

tibieza, sacudir os ombros de nossa consciência e dizer-lhe: Basta! Não posso converter-me num cristão medíocre! Devemos ter a valentia de rasgar, de cortar, de queimar para deixar-nos remover pelo Espírito, para renascer no Espírito Santo, para recomeçar, para reconstruir.

Recordo-me de uma passagem da biografia de Michelangelo, que é muito ilustrativa neste sentido. O Papa, cativado pela arte do pintor e escultor, havia-lhe encomendado a pintura da Capela Sistina. Deu-lhe indicações precisas sobre os temas que deveria desenvolver: cenas do Antigo Testamento, profetas e apóstolos... Michelangelo não ficou muito satisfeito: ele gostaria de poder estampar naquelas abóbadas e paredes imensas algumas das grandes ideias que trazia em seu coração... Mas começou a pintar de acordo com as instruções recebidas. Todos, inclusive o Papa, estavam entusiasmados com o desenrolar dos trabalhos. A satisfação de todos, todavia, contrastava com o mal-estar de Michelangelo. Alguma coisa por dentro lhe dizia que não era exatamente aquilo o que tinha no seu peito, que não deveria continuar trabalhando dessa forma, forçado pelo ambiente e pela opinião alheia...

Um domingo, foi descansar um pouco numa famosa taberna do Trastevere que tinha fama de servir o melhor vinho de Roma. Sentou-se e pediu um caneco de vinho. Estava um pouco avinagrado, mas não disse nada; afinal de contas — pensou — estava na taberna que se vangloriava de oferecer o vinho de melhor qualidade de Roma. De repente, um homem na mesa ao lado levantou-se e disse violentamente: — "Este vinho está avinagrado!" — "Impossível; é o melhor vinho de Roma" — respondeu o taberneiro. — "Por favor, queira experimentá-lo." — "Oh! Tens razão" — disse o dono da adega, depois de o provar. "Não merece ser servido nesta casa." Pegou um facão e rasgou todos os odres de couro. Um rio vermelho fluiu da taberna para a rua...

Naquele mesmo instante, Michelangelo teve um "estalo". Todos pensavam que a pintura que estava executando era a melhor de Roma, como o vinho daquela taberna. Ele, até então, não tinha dito nada. Não se atrevia a fazê-lo; era a opinião da maioria, a opinião do Papa! Mas esta não coincidia com os seus sentimentos. Era preciso rasgar os odres... "Vinho novo em odres novos", dizia o Evangelho. Levantou-se e saiu correndo. Subiu os andaimes na Capela Sistina e, vigorosamente, apagou todas as pinturas.

O Papa ficou desolado. Todos o chamaram de louco. Graças, todavia, a essa "loucura", a essa atitude impetuosa e original de Michelangelo, surgiu o que é hoje motivo de admiração do mundo inteiro e marco inigualável na história da arte.

Este episódio ajuda-nos a refletir em profundidade. Não nos deixemos levar pela inércia, pelos elogios de nossos "fregueses", amigos, parentes e admiradores, que acariciam nosso ego, domesticam nossas santas rebeldias e cortam a galhardia dos nossos desejos de perfeição. Não nos deixemos dominar pelo ambiente de frouxidão que nos rodeia, pela mentalidade *light* que nos convida a esse *dolce far niente*, a essa doce inércia de que falam os italianos. Rasguemos os odres velhos dos lugares-comuns e das rotinas, como Michelangelo, e dilatemos o coração, como um odre novo, para receber a plenitude do Espírito Santo.

Recordo que nos meus estudos sobre sociologia política abordavam-se dois tipos de reformas: as "reformas de repartição", que visam a tornar menos agudas as diferenças sociais, distribuindo mais equitativamente as riquezas, e as "reformas de estrutura", que, como diz Henri de Man, "implicam mudanças sociais e políticas (...) no sentido mais profundo da palavra".[2] Pois bem, na nossa vida podemos fazer "reformas de distribuição", "retoques" no

---

2   Henri de Man, *L'execution du plan du travail*, Paris, 1935, p. 21.

quadro da vida — remanejando horários, aperfeiçoando algumas virtudes... —, ou podemos fazer "reformas de estrutura" como fez Michelangelo no imenso painel da Capela Sistina: apagou o que estava pintado e começou radicalmente um novo projeto...

Em determinados momentos, temos que pôr em questão não apenas traços, pormenores, do nosso desenho de vida, mas a sua concepção como um todo. Não basta mudar a curva de um perfil, mas substituí-lo por outro. Operar um giro "copernicano" na nossa existência: onde estava a Terra em torno da qual girava o Sol, colocar o Sol em torno do qual deve girar a Terra... Onde estava o ego botar os outros, onde estavam os meus planos colocar os planos de Deus... Essa reviravolta estrutural de 180° — essa autêntica conversão — às vezes necessária, pode dar à nossa vida uma nova escala de valores, novos objetivos e motivações.

Pensemos se, em vez de "retoques" no quadro da vida, é necessário estabelecer um novo e diferente projeto para a nossa existência.

De qualquer maneira, temos que saber dizer energicamente um *não* à horizontalidade e um *sim* às alturas. Saibamos dizer sempre mais, mais e mais ao Amor, porque, como disse Santo Agostinho, "o amor tem como medida não ter medida". Isso é o que nos quer comunicar a Igreja em cada Quaresma, quando nos convida a uma nova conversão. Esta nova conversão talvez possa significar para nós tomar a atitude de não nos contentarmos em ser somente cristãos corretos, com fama de bons, mas em converter-nos em apóstolos santos: em verdadeiros imitadores d'Aquele que soube dar a Sua vida por nós. É estimulante o lema escolhido para o primeiro dia do III Encontro Internacional de Sacerdotes que se realizou na Basílica de Guadalupe no ano de 1998: "Convertamo-nos para converter." Como vamos converter os outros, se não nos convertemos a nós mesmos? Temos que ser santos autênticos, da cabeça aos pés!

Autenticidade e transparência

A conversão necessariamente tem que ser sincera: autêntica. Sabedoria, pouca ou muita, mas autêntica; virtude, pouca ou muita, porém autêntica; apostolado, pouco ou muito, contudo autêntico. O Santo Padre, em sua visita a Cuba, disse que a única coisa que pedia de Fidel Castro era ouvir dele a verdade. É o mínimo que se pode pedir a um homem. Quando o Senhor, para suscitar nele uma conversão mais profunda, perguntou a Pedro: "Tu me amas?", a primeira coisa que estava esperando era, precisamente, ouvir dele a verdade. E quando Pedro respondeu: "Senhor, tu sabes tudo, tu sabes que eu te amo" (Jo 21, 17), Jesus compreendeu que sua resposta estava repleta de verdade. Mas insistiu. Por três vezes, quis ouvir a mesma verdade, já que por três vezes Pedro tinha reafirmado a mentira. O que primordialmente querem ver Deus e os homens é a transparência da verdade. Se não for assim, nós mesmos nos desclassificamos. Perdemos a confiabilidade. Para que os filhos escutem o pai, os alunos o professor, os fiéis o líder pastoral ou o sacerdote, têm que ver — pelo menos e em primeiro lugar — a transparência do homem que levamos dentro de nós. Que pena causaria aos nossos irmãos se nos vissem envolvidos em pequenas mentiras ou em meias verdades! Que pena se percebessem que temos medo de dizer a verdade completa — que é a única que salva e dá vida — por receio de perder a fama de tolerantes ou progressistas... Como médicos das almas — todos somos de alguma maneira médicos e pastores —, temos que dar o diagnóstico correto e dizer essa verdade integral que é a que realmente cura. Que dor suscitaria alguém tido como exemplo, como médico das almas, que — por medo de ser tachado de "duro", de "exigente" — aplicasse um tratamento tíbio, medíocre, deixando que as almas oscilassem entre um pouco de verdade e um pouco de mentira, entre um pouco de pecado e um pouco de virtude, entre um pouco de saúde e um pouco de enfermidade, entre um pouco de vida e um pouco de morte! Quem assim atua não é um médico; é um curandeiro! Perdemos confiabilidade quando não transmitimos com transparência as verdades que deveríamos crer com convicção. Que lástima despertaríamos se nossa gente não encontrasse em nós, como cristãos, esse mínimo de credibilidade que se exige de uma pessoa comum!

No último lustro do comunismo soviético, havia no povo russo um profundo desejo de sinceridade, desejo esse que expressavam com a palavra *glasnost*, que significa precisamente "transparência", algo mais do que sinceridade comum. Nós deveríamos ter como qualidade insubstituível a transparência: ser nós mesmos, em todas as circunstâncias. Quando alguém nos veja rir ou chorar, falar ou orar em silêncio, em qualquer ambiente, deveria poder dizer: "É ele, sempre é ele mesmo; diante do chefe ou do colega, do pobre ou do rico, do sábio ou do ignorante, do universitário, do operário ou do camponês", quem nos observar poderia dizer: "É ele, não tem duas caras; é ele quando está só ou acompanhado, quando trabalha e quando descansa; é ele quando triunfa e quando fracassa; é ele mesmo, em casa e na rua, no trabalho e na Igreja, entre leigos e sacerdotes, entre jovens e velhos, entre iguais, subordinados e superiores... Só tem uma atitude. Não usa máscaras!"

Hoje, a *glasnost* é uma qualidade que atrai especialmente. É um valor cultural que está enraizado nos desejos do nosso povo. Existe hoje, em meio a esta sociedade de valores descartáveis na qual vivemos, cheia de trapaças e de enganos, de corrupções e de máscaras, um vivo anelo de *glasnost* — de transparente autenticidade! — muito mais profundo do que o sentimento que experimentava o povo russo diante da obscura e implacável máquina do Partido. Correspondemos a esses desejos? Que encontrariam os nossos irmãos, se conseguissem penetrar através dos véus de nossas dissimulações e evasivas? Que enxergaria nossa família ou nossa comunidade, se de repente meu coração e meu cérebro se tornassem transparentes e pudessem decifrar meus pensamentos e meus sentimentos? Que aconteceria, se a intimidade opaca dos meus sonhos, fantasias e quimeras, das minhas revistas e livros, dos meus programas de televisão e diversões, das minhas viagens pela *internet*, das minhas companhias e amizades desconhecidas subitamente se fizessem patentes ao grupo de pessoas que me estimam como pai ou como mãe, como exemplo de cristão, de mestre ou de líder, como religioso ou sacerdote?

Não podemos ter medo dessa transparência: que nos vejam como somos! Que vejam o fundo de nossa alma; que não nos importemos que descubram nossas falhas, defeitos e perplexidades. Deixariam então de ver algo que lhes repugna muito mais: a nossa autossuficiência vaidosa e as nossas teatralidades. E passariam a vislumbrar essa simplicidade encantadora, que atrai e cativa, precisamente porque não disfarça as imperfeições, lacunas e carências. Ou, mais ainda, viriam a enxergar no meio dessas nossas limitações e sombras o próprio rosto de Cristo: a face de um católico transparente — *alter Christus* — que permita ver no fundo da sua vida o verdadeiro perfil de Jesus. Um cristão de quem se possa dizer: "Sim! É ele! Quando ri e quando chora, quando fala e quando reza!" Que possam exclamar: "Sim! Este cristão é sempre ele mesmo! É sempre ele: o próprio Cristo encarnado!"

Ser um evangelho vivo: outros Cristos

Não podemos somente ensinar; temos que viver o que ensinamos. Temos que ser um Evangelho vivo, um Evangelho encarnado que fale por si mesmo. Como disse São Paulo: uma carta de Cristo gravada não em pedra, mas no nosso coração (2 Cor 3, 3). Assim evangelizava Cristo: *Virtus de illo exibat et sanabat omnes* (Lc 6, 19). D'Ele saía uma força capaz de curar, de reanimar, de converter, de salvar, de dar um novo sentido para a vida humana.

E nós temos que ser outros Cristos: não apenas um Evangelho decorado, mas um Evangelho encarnado: "O que a partitura cantada é a respeito da mesma partitura simplesmente escrita", como diz belamente São Francisco de Sales.[3]

Recordo o que alguém disse um dia, ouvindo falar Dom Bosco: "Que maravilha! Parece Nosso Senhor!" Alguém ao nosso lado já teria sentido a tentação de dizer de nós algo semelhante?

Numa conferência do cardeal Darío Castrillón, no ano de 1998, para aproximadamente cem bispos brasileiros, no Rio de Janeiro, falava precisamente do atrativo que suscitava a santidade, do magnetismo que irradiam os santos — como encarnação viva da figura de Cristo — da capacidade transformadora da sua presença e do seu exemplo. Contava-nos a experiência que teve ao viajar no mesmo avião com Teresa de Calcutá. Logo que se sentou em seu lugar, uma aeromoça se aproximou dela, fez uma confidência pessoal e pediu que ela a abençoasse. Minutos depois, outra funcionária do avião fez o mesmo, e mais tarde um dos comissários, e outro, e outro, até que terminaram saindo os pilotos da cabine para estar um pouco ao

---

3   São Francisco de Sales, Carta CCXXIX (6 de outubro de 1604), *Ouvres*, XII, Annecy, Dom Annecy, Dom Henry Benedict Mackey, OSB, 1892–1932, pp. 299–325.

lado dela e receber também a sua bênção... O ambiente do avião mudou por completo. Que atrativos humanos teria esta mulher, aparentemente insignificante, esta velhinha de rosto enrugado, diminuta, já encurvada pelos anos? O atrativo da bondade, da virtude, da abnegação total, do amor aos pobres, da santidade... O atrativo desse *bonus odor Christi* (2 Cor 2, 15) de que nos fala São Paulo, desse perfume, desse aroma, que cativa e arrasta.

Deveríamos perguntar-nos habitualmente: Quando quero melhorar a repercussão apostólica da minha ação cristã, renovo somente minha formação, meu comportamento social, meus estudos, minhas técnicas de comunicação, meus programas de atividade evangelizadora, ou, pelo contrário, procuro também, no Espírito Santo, renovar-me a mim mesmo, renovar minha oração, meu espírito eucarístico, minha fé, minha esperança, revivificar meu amor, renovar minha vida espiritual, fazer-me, enfim, outro Cristo?

Cristianizar o mundo moderno, chegar com nossa ação apostólica a tão diversos areópagos culturais, atrair essas multidões que se encaminham para tantas e tão diversas "seitas", devolver à família sua genuína essência, enfim, instaurar todas as coisas em Cristo (Ef 1, 10), inserir o Senhor no cerne de todos os valores humanos, parecer-nos-á, talvez, algo quimérico ou inatingível. No entanto, essa meta tão alta foi alcançada por aqueles apóstolos que, depois da morte de Cristo, pela força transformadora de Pentecostes, ao converterem-se em outros Cristos, chegaram a transfigurar todo o fabuloso Império Romano. Mataram a Cristo — já o dissemos — e, de repente, encontraram-se com muitos Cristos. Essa maravilha também a podemos realizar nós, se correspondermos à graça, porque o poder do Espírito Santo não diminuiu: é o mesmo.

CAPÍTULO III
AS CONSEQUÊNCIAS DE PENTECOSTES

A experiência vivida pelos apóstolos em Pentecostes foi muito forte. Uma experiência única: ela representava o cumprimento da promessa de Jesus: "Descerá sobre vós o Espírito Santo e vós dará força..." (At 1, 8).

Aquele vento impetuoso que os encheu a todos foi o primeiro elo de uma verdadeira cadeia de mudanças em suas vidas. A dúvida e o medo foram radicalmente transformados em coragem, ardor missionário e ousadia. Essas consequências bem poderiam reproduzir-se em nós — em você, minha irmã, meu irmão —, provocando reações interiores, modificando a essência das nossas vidas, alterando os nossos sentimentos...

Seria esta uma ótima oportunidade para apressar a vinda do Espírito Animador, cantando aquela expressiva canção: "Pentecostes, eu quero que aconteça, Pentecostes, eu quero que aconteça em mim..."

A embriaguez do amor

Voltemos a fazer a nossa experiência pessoal de Pentecostes, submergindo-nos no Espírito Santo, absorvendo d'Ele esse entusiasmo contagioso, essa intrépida vibração que fazia exclamar os que presenciavam a pregação dos apóstolos: "Estão ébrios!" (At 2, 13). Há quem se embriaga com o amor. Ninguém que não tenha provado um vinho de alta qualidade pode falar da sensação agradável e da alegria que ele provoca, ainda que haja escrito um trata-do inteiro sobre "as qualidades hilariantes dos produtos etílicos". O mesmo sucede com o Amor de Deus. A quem não o sentiu, parece-lhe um misticismo excêntrico; quem, todavia, já o experimentou, dá tudo o que tem, e a sua própria vida, para poder experimentá-Lo novamente.

A essa embriaguez Santa Teresa denominava "celestial loucura", "glorioso desatino". E os Padres da Igreja falavam dessa "sóbria embriaguez", dizendo que quem a sente, conforme particularizava Santo Ambrósio, converte-se numa pessoa que, em vez de cambalear como os ébrios do vinho, tem a estabilidade que lhes outorga a fortale-za do Espírito.[1]

Oxalá consigamos superar, como os apóstolos, a gran-de desproporção que existe entre a imensa tarefa para a qual fomos chamados, por um lado, e a nossa limitada capacidade, por outro. O que puderam fazer aqueles pri-meiros também nós o poderemos, se chegarmos a ter essa embriaguez do Espírito — essa embriaguez espiritual que experimentava Santa Teresa:[2] sensata e vibrante, serena e contagiante ao mesmo tempo — que converteu lá em Pentecostes, num instante, perto de três mil almas.

Essa embriaguez nos recorda o ardor que reclamam aquelas palavras do Apocalipse, tantas vezes por nós meditadas: "Oxalá fosses frio ou quente; mas como és morno, nem frio, nem quente, vomitar-te-ei de minha boca" (Ap 3, 15–16).

No campo espiritual, como em todos os terrenos, pode--se aplicar a lei que Carlos Llano denominava lei da autode-gradação do amor ou da autovoracidade do amor: o amor ou se eleva ou se degrada, ou aumenta ou se desvirtua,

---

1   Cf. Raniero Cantalamessa, *O sopro do Espírito*, Paulus, São Paulo, 1997, pp. 175–176.

2   Santa Teresa de Ávila, Edição crítica do Pe. Silvério de Santa Teresa, XXXV, pp. 63–64.

ou se enaltece ou se autodevora.[3] Nossa vida interior não pode contentar-se com a mera manutenção estática; tem de crescer dinamicamente, lançando na fogueira do amor as novas oportunidades, enriquecimentos ou frustrações que a vida nos vai apresentando. Este mais, mais e mais tem que estar sempre na pauta da nossa vida, tanto quanto aquele pensamento de Santo Agostinho: "Disseste basta, estás acabado." O fogo, como o amor, necessita sempre ser alimentado com coisas novas. Ou cresce, ou morre; ou se dilata ou se autodestrói.

Um cristão vale o que vale o seu amor de Deus. A altura de um cristão não se pauta pelos títulos acadêmicos, a posição social, a erudição ou cultura, os cargos que desempenha na vida social ou na comunidade, mas pelo nível que alcança o seu amor a Deus e às almas. Esse é o critério adotado por Deus: "seremos julgados pelo amor", segundo São João da Cruz.

Renovar a vida é renovar o amor.

Babel e Pentecostes

O Espírito Santo opera um milagre: a voz rude de um pescador, com o particular acento provinciano de um galileu, ganha tal versatilidade, tal universalidade, que ao entrar nos ouvidos de todos os ouvintes — os partos, os medos e os elamitas, os que habitam a Mesopotâmia, a Judeia e a Capadócia, ou aqueles provenientes de Roma, judeus ou prosélitos, ou cretenses, ou árabes... —, cada um entendia proclamar as maravilhas de Deus na sua própria língua (cf. At 2, 8–12).

Segundo nos indica a tradição do pensamento da Igreja, existe um contraste tão grande entre Babel e Pentecostes

---

3   Cf. Carlos Llano Cifuentes, *Los fantasmas de la sociedad contemporánea*, Ed. Trilia, México, 1995. Capítulo 5: "Los dioses tutelares del amor".

A FORÇA e a suavidade do Espírito Santo

como o que há entre o caos e o cosmos. O cosmos é a transformação daquilo que era dispersão, desordem anárquica e caos, num conjunto harmônico, num sistema ecológico global. Pentecostes também opera a unificação das línguas, a integração dos corações, a concórdia mútua, a unidade do amor, naquilo que antes era desunião, desentendimento, rancor e ódio. Na Babel se quis construir uma torre cujo cume alcançasse o céu, para se conseguir um nome famoso, tão grande como o de Deus (cf. Gn 11, 1–9). Deus castigou esse orgulho com uma confusão caótica de línguas que impedia o entendimento mútuo. Ao contrário, em Pentecostes, aos homens que reconhecendo humildemente sua baixeza e indigência se abriram ao Espírito Santo, o Céu os exaltou, permitindo que todos entendessem a mesma língua.

Isto foi o que sentimos em Toronto, no Canadá, na XVII Jornada Mundial da Juventude, ao lado do Papa João Paulo II, em julho de 2002. Foi um privilégio e uma experiência irrepetível. O encontro de mais de um milhão de jovens de 179 países, com línguas e mentalidades tão diferentes, que poderia significar uma segunda Babel, terminou convertendo-se num novo Pentecostes. Podíamos ver nas ruas grupos de alemães, coreanos, angolanos, brasileiros, mexicanos, franceses, italianos... misturando-se, trocando camisas e lembranças, rezando juntos o terço sentados no gramado dos parques, cantando as mesmas músicas, ou chorando de emoção na Via Sacra ao longo da University Avenue...

Era comovente verificar na esplanada do Downsview Park, nas vésperas da Santa Missa de encerramento, como os jovens se reuniam em grupos para participar da eucaristia, celebrada em várias línguas, recebendo, porém, o mesmo Cristo vínculo da unidade... Parecia realmente que experimentávamos aquele dom de línguas que imperava no primeiro Pentecostes...

AS CONSEQUÊNCIAS DE PENTECOSTES

Uma verdadeira enxurrada encharcou o parque e ensopou os jovens que, sem perder a alegria, ouviram do Papa, enquanto abençoava a chuva, que aquilo representava como um novo batismo... E quando, inesperadamente — como se fosse um milagre —, o sol apareceu e João Paulo II disse: "Antes tínhamos chuva e vento e agora temos o sol", um clamor de júbilo subiu da esplanada para o céu... Essa alegria expressava, com uma linguagem única, os sentimentos daquela multidão de jovens que, como em Pentecostes, formavam "um só coração e uma só alma" (At 4, 32).

O mundo moderno parece que imita os construtores de Babel. Cada um quer ser famoso, deseja construir uma torre alta e autossuficiente, que toque o cume dos céus. Pretende, como disse João Paulo II, "edificar uma cidade, reunir-se num conjunto social, ser fortes e poderosos sem Deus, ou inclusive contra Deus".[4] A esse respeito acrescenta o bispo prelado do Opus Dei, Mons. Javier Echevarría, que

> a tentação de Babel está sempre à espreita, e se acha talvez mais presente em nossos dias. Santo Agostinho a retratou com uma expressão que se tornou proverbial: "Dois amores fundaram duas cidades: o amor-próprio até o desprezo de Deus, a terrena; e o amor de Deus até o desprezo de si mesmo, a celestial. A primeira gloria--se em si mesma, e a segunda em Deus" (A Cidade de Deus, XIV, 28). Estas "duas cidades" coexistem ao longo dos séculos; mais ainda, podem existir, e existem de fato, no interior de cada pessoa, como mostra a experiência de cada um. Quando cresce a primeira, a segunda diminui; quando se abre a alma à graça, se expulsa o pecado.

---

4   João Paulo II, Exortação Apostólica *Reconciliação e penitência*, 02/12/1984, n. 13.

A FORÇA e a suavidade do Espírito Santo

A prepotência de Babel, como a do *Titanic* — do qual diziam que "nem Deus o afundaria" —, ficou submergida nas águas da história. A civilização moderna está navegando em águas repletas de incidências perigosíssimas, de mortais *icebergs*. Tenhamos a coragem de dar nosso grito de alarme e de denúncia...

Esta comparação entre o orgulho de Babel e a humildade de Pentecostes não pode representar para nós uma metáfora teórica, mas uma realidade vivencial. Façamos nossa, também aqui, queridos irmãos e irmãs, a experiência grandiosa do Cenáculo. Peçamos ao Senhor essa humildade que nos leva a não querer fazer-nos apenas famosos, a não construir nossa personalidade acima do pedestal da notoriedade; essa humildade que nos inclina a não desejar destacar-nos com nossa prepotência, a não deslumbrar os outros com o brilho do nosso ego, a não pretender impor nossas ideias pessoais aos demais. Se não temos esse amor humilde, nos isolamos dos outros, falaremos uma linguagem que nossos semelhantes não entenderão, construiremos ao nosso redor a desunião de Babel. Abramo-nos ao Espírito de Deus, para que nos dê esse dom de línguas, que seja entendido por todos. Não é verdade que, com frequência, ficamos perplexos, porque não sabemos bem como dirigir-nos, com as mesmas verdades, a um agricultor, a um banqueiro, a um mineiro, a um peão, a um doente, a um funcionário público, a uma dona de casa, a um universitário, a uma empregada doméstica, a uma criança, ou a um irmão sacerdote? E, todavia, assim o fazia Jesus. Falava para multidões heterogêneas. E todos O entendiam. Mais ainda, exclamavam: "Ninguém falou como este homem!" (Jo 7, 46).

Qual é o segredo? O segredo consiste em pedir ao Espírito Santo que nos ensine a falar a Sua linguagem, a linguagem que caracteriza a Sua essência teológica, a linguagem do Amor. Em todas as latitudes, em todos os firmamentos históricos, em todas as esferas culturais, entende-se a linguagem do amor humilde, da amabilidade serviçal, da despretensiosa receptibilidade, do trato familiar e amigo, da simplicidade transparente, enfim, do carinho que é como a expressão sorridente do amor.

Nos irmãos Karamazov, de Dostoiévski, o monge russo Zossima se expressa assim: "O amor humilde é uma força formidável; a maior de todas. Não há outra a que se iguale." O mistério de Pentecostes está entretecido da ternura e da força desse amor humilde que une o disperso, harmoniza o desigual, e ordena o caótico.

Dom de línguas: a globalização do amor

Muitos séculos antes que Marshall McLuhan, precisamente um professor da Universidade de Toronto, falasse da aldeia global, da *global village*, de uma única problemática econômica, de uma só linguagem cultural, a Igreja tomou consciência de sua universal catolicidade, e entendeu que o verdadeiro modelo de globalização consistia em saber falar ao coração das pessoas, de todas as raças e de todas as línguas, o idioma da Verdade Transcendente. Esta consciência da Igreja é o que permite pensar na possibilidade de que exista na humanidade inteira um só coração e uma só alma (At 4, 32).

Descobrimos um paradoxal contraste no início do terceiro milênio. Por um lado, as distâncias geográficas na aldeia global em que vivemos diminuíram extraordinariamente, devido ao alcance técnico das comunicações via satélite ou via *internet*. E, por outro, as distâncias entre um indivíduo e outro aumentaram astronomicamente, porque os interesses de um estão distantes "milhões

A FORÇA e a suavidade do Espírito Santo

anos-luz" dos interesses do outro. A linguagem é tão diferente, tão incompreensível, tão incompatível como a confusão caótica, nascida na Babel. A separação se dilata infinitamente por força do egoísmo que destrói o amor. Estão muito juntos geograficamente, mas muito separados animicamente devido a esse exacerbado individualismo pós-modernista, no qual os homens não se entendem, como acontecia em Babel.

É necessária uma nova efusão do Espírito Santo para que essa nova Babel, desencontrada e heteróclita, se converta num Pentecostes unificador, harmônico e fraterno. E nós temos que ser os agentes de uma comunicação linguística, unitiva e integradora. Uma comunicação que torne compreensível a linguagem desse amor humilde, construído com aquela transparência e simplicidade, capaz de derrubar a muralha dos preconceitos, de encurtar as distâncias do egoísmo e de transformar a humanidade inteira na família dos filhos de Deus, com um só coração e uma só alma. Esta, penso, seria a única possível globalização identificável com a tão desejada civilização do amor. E foi isto exatamente o que encontramos em Toronto.

Não teremos, nós também, experimentado tudo isso? Não sentimos já, alguma vez, algo semelhante ao falarmos com uma pessoa simples ou com um eminente político; com um menino pobre mendigando na rua ou com um catedrático universitário; com um jovem atleta ou com um doente terminal? quando nos dirigimos a eles, com o coração aberto, transparente, com uma atitude simples repleta desse amor humilde, todos nos entendem, seja qual for sua condição social ou cultural, sua idade ou seu estado.

Um sacerdote, que foi aluno de João Paulo I e que reside no Rio de Janeiro, explicou-me o segredo da facilidade de comunicação do "Papa do sorriso". E esse segredo está nos meandros de uma pequena história. Quando João Paulo I era pároco e estava um dia celebrando a Missa, acercou-se do altar um homem mal trajado que, sem nenhum respeito, despropositadamente, tentou várias vezes tomar-lhe o cálice. Alguns participantes da Missa procuraram evitá-lo, mas sem muito êxito. Era um homem forte que conseguia defender-se facilmente. E eis que, de repente, o sacristão, colocando-se ao seu lado, sussurrou-lhe ao ouvido umas palavrinhas, e o homem, sorrindo, foi conduzido pelo braço até a sacristia. João Paulo I ficou intrigado, e, no final da Missa, perguntou ao sacristão: "Mas o que foi que você lhe disse para que o obedecesse tão docilmente?" E ele respondeu: "Disse-lhe que na sacristia tinha um garrafão cheio de vinho. Para mim era evidente que aquele homem era um beberrão e que a única coisa que queria era beber o vinho do cálice." O futuro Papa não pode aguentar-se de rir.

A moral que tirou João Paulo I foi esta: "É preciso saber falar com carinho ao nosso interlocutor na sua própria linguagem e depois, pouco a pouco, o iremos trazendo, suavemente, ao nosso terreno."

Evangelizar é fazer-se tudo para todos, para ganhar a todos (1 Cor 9, 22).

É a linguagem universal do amor. Se a aprendermos, desenvolveremos esse dom de línguas tão necessário para evangelizar. Se não a aprendermos, converter-nos-emos numa dessas pessoas autossuficientes nas suas ideias personalistas, fechadas, que vivem entrincheiradas no seu feudo familiar ou profissional, como numa torre de marfim, ou num desses conferencistas de linguagem enigmática que pensam ser tanto mais inteligentes quanto menos forem entendidos.

A linguagem do amor, sem ceder no que é essencial, sabe compreender as situações particulares, as limitações e condicionalismos de cada pessoa, sabe submeter-se a

A FORÇA e a suavidade do Espírito Santo

cada situação com uma abertura semelhante à dos homens que têm um coração universal.

A linguagem é, não obstante, somente veículo. Um veículo importantíssimo, é verdade, mas só um veículo. É necessário, por isso, que a linguagem do amor tenha no seu interior, como conteúdo, a Verdade que é também ensinada pelo Espírito. *Veritatem facientes in caritate* (Ef 4, 15): comunicar a verdade com amor. Dizer a verdade completa, sem mutilações, sem "barateá-la" para ganhar simpatias, sem afrouxar suas exigências para conseguir a fama de liberais, mas adaptando-a a cada pessoa, com delicadeza, sabendo o que podemos exigir e o que devemos conceder: não é razoável dar um prato forte a quem devemos dar somente uma papinha; não é lógico convidar para correr numa maratona a quem devemos fornecer uma muleta... *Veritatem facientes in caritate*: exigir com amor. Com amor humilde. Dizer a tremenda palavra sobrenatural, conclamando às grandes exigências, mas preparando antes o terreno. E essa sabedoria a dá o Espírito Santo.

O dom de línguas nos vem do Amor mútuo substancial e personificado entre o Pai e o Filho que é o Espírito Santo. Por isso, se O queremos receber deveríamos dizer com frequência: *infunde amorem cordibus*, infunde o Teu amor nos nossos corações. Peçamos Àquele que é a *spiritalis unctio* — a unção do amor — que acenda com a Sua luz os nossos sentidos — *accende Lumen sensibus* —, que nos impregne com o bálsamo da Sua ternura, para que, com suavidade, saibamos sempre falar a universal linguagem do Amor.

CAPÍTULO IV

A EFICÁCIA DA ORAÇÃO PERSEVERANTE E FRATERNA

No momento de receber o Espírito Santo, os discípulos estavam unidos em oração, com Maria, a mãe de Jesus. Isto é muito significativo. Estar unidos em oração é algo fundamental. A oração é o clima do Espírito Santo. E é também o Espírito Santo quem nos leva, como a Jesus, ao recolhimento silencioso da oração: foi, precisamente, por Ele que o Senhor foi levado ao deserto para orar (cf. Lc 4, 1). "O deserto" — escreve o cardeal Ratzinger —

> é o lugar do silêncio, da solidão; é o afastamento das ocupações cotidianas, do ruído e da superficialidade. O deserto é o lugar (...) que situa o homem ante as questões fundamentais de sua vida. Neste sentido torna-se o lugar da graça. Ao esvaziar-se de suas preocupações, o homem encontra o seu Criador. As grandes coisas começam sempre no deserto, no silêncio.[1]

Foi exatamente no silêncio da oração que os apóstolos encontraram toda a força expansiva de uma ação que nada tem a invejar a eficácia do programa de *marketing* de uma multinacional. O silêncio da oração foi como a mola comprimida cujo impulso chegou aos últimos recantos do Império Romano.

---

1   Cit. por J. P. Manglano, *Hablar con Jesús*, Desclée de Brouwer, Bilbao, 1977.

O caráter essencial da oração

Queremos um resultado eficaz na educação cristã dos filhos, no nosso apostolado ou na nossa ação pastoral? Entremos, pois, diariamente no clima do Cenáculo. Recolhamo-nos em oração. O Espírito Santo não atua apenas nos "cenáculos", nas igrejas ou oratórios; Ele atua sempre e em todo lugar em que, recolhidos, estamos atentos às suas moções. A oração é, como estamos dizendo, o pressuposto de toda a eficácia apostólica, mas antes se constitui requisito essencial para ser homem no sentido mais profundo da palavra.

Qual a razão? A razão é que o homem é naturalmente religioso, essencialmente, metafisicamente religioso. Por quê? Porque o homem tende naturalmente à felicidade. Sente-se arrastado com uma força avassaladora para o amor, para a plenitude, para a expansão na beleza, na perfeição, na felicidade completa. E tudo isso, elevado a uma potência infinita, o encontramos em Deus.

Necessitamos de Deus como necessitamos de ar, de alimento e de água, e quando de alguma maneira não O temos conosco, nos sentimos asfixiados, famintos, sedentos...

Mergulhando em Deus, estamos mergulhando nos nossos mais profundos anseios. Ao encontrá-Lo de verdade, encontramos uma paz e uma alegria tão profundas que desejaríamos ficar assim confundidos com Ele para sempre. A oração é esse mergulho. A oração — reiteramos — é tão necessária como o ar que respiramos, como a água que bebemos. Quando não há oração, os homens sentem-se inquietos como a corça sequiosa quando não encontra a fonte de águas límpidas que procura. É por isso que no mundo não há paz. Ele desconhece que a fonte dessa felicidade está no mais profundo do seu ser, porque Deus está mais dentro de nós do que nós mesmos. E o canal para chegar a essa fonte é a oração.

Aqui está tudo. O homem deveria convencer-se de que aqui está tudo. Se compreendesse isto, não se sentiria tão insatisfeito, tão irrequieto e angustiado, tão inseguro e deprimido. Toda a sabedoria, toda a pedagogia humana consistem em ensinar esta verdade tão simples e tão ignorada: na oração encontramos Deus. E, tendo a Deus, temos tudo. É o que gostava de repetir São Francisco de Assis: "Meu Deus e meu tudo." É por isso que dizíamos antes que a oração é algo indispensável: "A oração é o fundamento de toda a atividade sobrenatural."[2] São Tomás de Aquino, com a sua precisão característica, esclarece: "A oração é necessária, não para que Deus tome conhecimento das nossas necessidades, mas para que nós tomemos consciência da necessidade que temos de recorrer a Deus."[3] E nós acrescentaríamos: a oração é ainda uma necessidade vital. Porque sem oração não se desenvolve o Amor de Deus e sem Amor as forças faltam, não há motivação. A vida muda quando entra na sua esfera a presença do ser amado.

Alguém, no meio de um trabalho monótono, pesado, cansativo, exclama: "Tomara termine o quanto antes!" Mas, de repente, a pessoa que mais ama coloca-se a seu lado e lhe diz: "Estarei aqui pertinho de você, ajudando-o até o serviço terminar." E então clama-se por dentro: "Oxalá não acabe nunca!" A tarefa é a mesma antes dessa presença e depois, mas muda radicalmente de feição quando o amor lateja ao nosso lado.

Isso é a oração: a conversa, a proximidade, o contato com aquele que é o Amor dos amores.

A propósito, vem à minha memória uma lembrança da minha época de estudante de Direito em Salamanca.

---

2   São Josemaria Escrivá, *Amigos de Deus*, Quadrante, São Paulo, 2023, p. 239.

3   São Tomás de Aquino, cit. em Santo Afonso Maria de Ligório, *A oração*, I, 8.

A FORÇA e a suavidade do Espírito Santo

Tarde de inverno gelada. A velha cidade universitária, com as suas pedras patinadas pelo tempo, estava coberta pelo manto branquíssimo da neve. Os termômetros já tinham descido a menos de cinco graus negativos. Agasalhado no espesso sobretudo, mãos engolfadas em luvas de couro, sentia ainda o vento frio de Castela penetrar no meu corpo. Todos andavam depressa. Era uma forma a mais de se aquecer.

De repente, diante dos meus olhos surpreendidos, encontrei no pequeno parque da faculdade — imóveis — uma moça e um rapaz sentados num banco. Não falavam. Um e outro olhavam-se demoradamente. E sorriam extasiados. Mas o que me deixou atônito foram as mãos deles. Estavam entrelaçadas, roxas de frio. E as luvas caídas na neve...

Então pensei: Isto só o pode fazer o amor...

E parecia que lá por dentro algo me dizia: Também Deus quer que nós, nas relações com Ele, saibamos jogar fora as nossas luvas, as nossas reservas, que nos separam da Sua intimidade, da força do Seu Amor que nos aquece. E algo também muito fundo parecia que confirmava: "Como aqueles namorados, igualmente não nos faltará uma alegria extasiante no meio dos rigores do inverno da vida."

Na oração tiramos as luvas, deixamos o coração nu, despimo-nos das desculpas, das condições, ressalvas e barreiras, despojamo-nos das máscaras, desarticulamos os mecanismos de defesa, abrimo-nos com a alma desdobrada, estendida como a tela branca, disponível e receptiva aos projetos do pintor e às suas pinceladas geniais... Tiramos as luvas e apertamos as mãos de Nosso Senhor ou de Nossa Senhora: quanto se podem dizer duas pessoas de mãos dadas quando vertem, quando entornam os seus sentimentos um no coração do outro através de um olhar límpido e insubstituível, preso ao olhar do ser amado que o está contemplando! Isto é oração.

É então que através desse contato se nos comunicam a força e o calor para superar as neves e as tempestades desta nossa existência, às vezes tão gelada... Quem experimentou isto bem poderá parafrasear o poema de Jorge Manrique, cantando:

O amor é uma força tão forte que força toda a razão.
É mais forte do que a morte!
Uma força de tal sorte
que impulsiona para frente e transforma o coração.

Também por essa razão diríamos que é tão variado o modo de fazer oração como o de expressar amor e o carinho.

Pode-se fazer oração apertando as mãos ou juntando-as, dobrando os joelhos, estendendo os braços... com as lágrimas, com os sorrisos, com os suspiros, com os gritos. Quantos já fizeram oração chorando, sorrindo, suspirando, clamando! Santa Teresinha se expressa nesse sentido de uma maneira encantadora: "Para mim, a oração é um simples olhar lançado ao céu, um grito de recolhimento e amor no meio da provação ou da alegria."[4] O importante é que se entenda que a oração é uma atitude vital que brota do mais íntimo da personalidade.

Em certa oportunidade perguntaram a Santa Teresa do Menino Jesus:

— Que dizes ao Senhor na capela quando fazes oração?

E ela respondeu:

— Nada.

— Como nada? Será possível? Que fazes, então?

— Amo.

Amar! Ama a mãe a criança, quando em silêncio a acalenta e nina nos seus braços; ama quem, sem palavras,

---

4   Santa Teresa de Lisieux, *Manuscritos autobiográficos.*

A FORÇA e a suavidade do Espírito Santo

fica colado na cama do seu amigo doente; ama Jesus o Seu amigo Lázaro, chorando em silêncio ao lado do seu túmulo; ama Nossa Senhora, quando caladamente acompanha com lágrimas o seu filho, ao pé da Cruz... Poderá haver orações mais expressivas do que estas?

Pode-se amar em silêncio; pode-se amar com palavras simples como as de Pedro, quando disse depois da sua tripla negação: Senhor, tu sabes tudo, tu sabes que eu te amo (Jo 21, 17); ou pode-se amar aos gritos como O amava um doido, lá em São Luís do Maranhão, ao qual se referia João Mohana:

> Estou-me lembrando daquele mendigo que todos conheciam em São Luís pelo apelido de "Bofe". Vivia a gritar na praça Pedro II, perturbando a Missa, enquanto não entrasse na igreja e se prostrasse defronte do altar, calado, comovente. Nem bem comungava, saía. Até que um dia pude surpreendê-lo em plena praça, e indaguei:
>
> — Bofe, me diga uma coisa. Por que é que você solta esses gritos, atrapalhando a Missa?
>
> A resposta veio pronta, como se há muito esperasse a pergunta:
>
> — Ora, padre. É pra Deus Nosso Sinhô sabê onde é que eu tou.
>
> Curiosa, surpreendente, bela esta intenção naquela alma. Cativo, ainda encontrei jeito de retrucar, sorrindo:
>
> — Mas você não precisa gritar, Bofe, para Deus Nosso Senhor ouvir você. Fale baixinho que Ele escuta. Sabe onde Ele está?
>
> — Onde?
>
> — Em você.
>
> — Ué, em mim?
>
> — Em você.
>
> O resto do diálogo é dispensável. O leitor imagina como deve ter terminado. Contei o essencial. Não precisamos gritar como Bofe. Mas também não precisamos

viver alheios como Hitler, ignorando esse portento do Amor de Deus em qualquer cristão que ama Jesus e põe em prática. Sua palavra, Seu mandamento, Seu pedido de amor aos irmãos.[5]

Provavelmente Bofe, a partir de então, ficaria tempos e tempos — na sua doida simplicidade — curvado sobre si mesmo, dizendo baixinho: "Senhor que estás dentro de mim, não Te esqueças do pobre Bofe." Que grande verdade aprendeu aquele mendigo: somos templos do Espírito Santo! Quanto pode representar para nós esta singela e profunda consideração! Procuramos a felicidade "por ativa e por passiva", nas cumieiras do êxito e no fundo dos prazeres, na ascensão profissional e nas delícias do amor... e, no fim, ficamos insatisfeitos pensando: não, não era isto o que procurávamos... não, não, não está aqui, o que buscávamos não está aqui... corremos mares e terras, mundos e fundos, quando o que procuramos estava na realidade escondido dentro de nós.

Quantos homens já fizeram a mesma experiência de Santo Agostinho: "Tu estavas dentro de mim e te procurava fora de mim (...), Tu estavas comigo, mas eu não estava contigo... Tarde te amei, beleza tão antiga e tão nova, tarde te amei!"[6] Orar como o Bofe poderia ser também o nosso gesto sincero e simples de orar. "Divino e Doce Hóspede da alma, faz-me sempre companhia, não me abandones nunca nem de noite nem de dia."[7]

É preciso sublinhar, todavia, que o Espírito Santo atua quando estamos dispostos, atentos, receptivos. A leviandade, a dissipação são como substâncias repelentes de sua amável ação. Esta atenção habitual, esta fidelidade

---

5   João Mohana, *Paz pela oração*, Agir, Rio de Janeiro, 1977, pp. 255–256.

6   Santo Agostinho, *Confissões*, 10, 27, 38.

7   Cf. Rafael Llano Cifuentes, *Serenidade e paz pela oração*, Marques Saraiva, Rio de Janeiro, 2002, p. 245.

ao Espírito Santo é essencial para a renovação e para o crescimento de nossa vida espiritual. Deus subordina umas graças a outras. Se se é fiel a uma primeira graça, concede outra e outras cada vez maiores. O ângulo se vai abrindo progressivamente. Entretanto, se se despreza uma, talvez se está desprezando um verdadeiro rosário de graças que levaria a uma perfeita união com Deus.

Esta lei do crescimento espiritual exige o relacionamento habitual com Deus, a generosidade de reservar todos os dias um tempo para a oração mental, que não é outra coisa senão um diálogo afetivo com o Senhor... Esta atitude permanente de abertura é como um potente radar que capta as insinuações mais sutis do Divino Paráclito.

A este tema nos referiremos com mais vagar na segunda parte deste livro.

A união fraterna: a atmosfera do Espírito Santo

Os apóstolos estavam unidos entre si, nesse ambiente de fiel receptividade ao Divino Paráclito. E foi precisamente neste momento que o Espírito Santo lhes foi enviado. A unidade de oração e de corações atrai o Espírito Santo. Meditemos nisso ao pensar em nossa família, na solidariedade profissional e social que deve reinar no nosso trabalho, na nossa comunidade fraterna, na paróquia, no movimento, na pastoral, ou na família espiritual de que fazemos parte, na união com os sacerdotes e na estreita comunhão com o nosso bispo e com o Papa.

Temos que estabelecer profundos vínculos de amizade, de carinho humano e sobrenatural que superem diferenças temperamentais e culturais, pequenas invejas ou qualquer espírito de competição. Temos que nos unir, uns aos outros, com solidariedade humana e espiritual, como se encaixam as pedras, uma a uma, para formar uma muralha: "porque o irmão que ajuda ao irmão" — disse a Sagrada Escritura — "é como uma cidade amuralhada" (Pr 18, 19). E a argamassa que une uma pedra a outra — um irmão ao outro — é a caridade fraterna que o Espírito Santo suscita em nosso ser.

O cardeal Dario Castrillón, numa das conferências que nos deu no curso dos bispos a que antes me referi, contou--nos algo que me comoveu e que transcrevo literalmente:

> Meditando um dia sobre a presença do Espírito Santo na Igreja e sobre a profusão de seus dons sobre ela, na capela situada em minha casa, pela tarde, comecei a repassar os nomes dos sacerdotes para rezar por eles, pedindo ao Espírito Santo que me permitisse descobrir os dons que Ele lhes havia concedido, para enriquecer a Igreja. Esta prática se converteu num costume diário de minha vida episcopal e comecei, pouco a pouco, a descobrir a maravilhosa riqueza de meu presbitério. Adorando o Espírito Santo, presente neles com seus dons e graças, começou a crescer em mim o respeito e o amor por cada um deles. Até nos mais problemáticos, encontrei metais preciosos, como os que encontramos nas profundas galerias de mineração, e senti-me obrigado a abrir caminhos para que esses dons estivessem a serviço da esposa do Senhor, Sua Igreja. Garanto-lhes que meu relacionamento com o clero mudou totalmente. Perdoem-me esta humilde confidência. Como bispos, não podemos ser homens da Igreja, e seus condutores, sem um amor verdadeiro por nossos presbíteros.

Esta atitude assumida por um bom bispo poderia ser uma referência para todos nós, como pais e mães, como irmãos dentro de uma família, como professores ou chefes, como companheiros de trabalho, como coordenadores pastorais ou sacerdotes: encontrar — seguindo os bons

A FORÇA e a suavidade do Espírito Santo

garimpeiros — os tesouros escondidos no coração de nossos irmãos, potenciar suas qualidades, minimizar seus defeitos, suprimir o que separa, acrescentar o que une, esforçar-se, enfim, para encaixar a irregularidade de uma pedra na outra, como faz um bom pedreiro, com a argamassa do amor fraterno. É nesta compreensão mútua, nesta união de corações que estaremos bem-dispostos, todos juntos, a receber o Espírito Santo, ao lado de Maria, a mãe de Jesus. Porque, como diz a conhecida música que tantas vezes se canta: "Só quando estamos unidos é que o Espírito Santo nos vem."

É dentro dessa "cidade amuralhada" (Pr 18, 19), construída com nossas asperezas e irregularidades, alinhadas e concertadas pelo amor fraterno, que deveríamos proteger nosso "pequeno rebanho", que nos foi confiado. Na Igreja todos nós somos, como dizia Santo Agostinho, ovelha e pastor: o "rebanho" podem ser os filhos, os colegas de trabalho e amigos, os parentes, os doentes de um hospital para um médico, os componentes de um time para o técnico, os seus alunos para uma professora, os integrantes de um grupo de oração para o coordenador, as crianças para uma catequista... E, ao mesmo tempo que protegemos as nossas "ovelhas", elas nos protegem e nos unem igualmente. Quantos filhos protegeram os pais de uma crise conjugal! Quantos irmãos ou irmãs salvaram um membro da sua família espiritual! Quantas comunidades paroquiais já salvaram tantos sacerdotes de uma possível infidelidade!... A união com nossos irmãos é uma garantia para perseverar na nossa vocação e um estímulo em nossas fadigas, descalabros, crises e doenças.

Dom Jorge Marskell, um irmão bispo da Prelazia de Itacoatiara, em plena selva amazônica, estava sofrendo de um câncer incurável no pâncreas. Do lugar onde foi internado para tratamento, escreveu uma carta comovedora a seus fiéis e agentes de pastoral, à qual tive acesso e que, em parte, transcrevo:

> Se Deus quiser, espero estar aí com vocês para celebrar a Páscoa. Sei que minha vida se modificou. Tinha que ser assim depois de padecer uma experiência como esta. Não sei quanto tempo Deus reservou para mim. Tento viver o dia de hoje como o melhor dia da minha vida. Aprendo, pouco a pouco, a confiar na bondade e no amor de Deus, que tem para nós planos que nem sequer imaginamos. Quando chega o desânimo e o medo — e existem momentos em que se sente isso de maneira muito forte —, recordo-me de vocês e de todo nosso querido povo, de suas orações, de sua solidariedade e amizade. É desta recordação de onde tiro ânimo e coragem.

Quantos de nós já teremos experimentado algo semelhante alguma vez: caímos e pensando neles — na família, nos irmãos na fé, naqueles em que, de alguma maneira, recaia a nossa responsabilidade — nos levantamos, nos esforçamos e crescemos. E, lembrando-nos deles, a consciência grita lá no fundo da alma: Não, não podes ceder! Não é assim que eles esperam que tu te comportes! E o mais profundo sentido de responsabilidade cristã atua como uma potente força motriz. Somos elos de uma mesma corrente: eu tenho que resistir, para que a corrente inteira não se parta.

Recordo-me agora de Guillomet — aquele amigo de Saint-Exupéry, retratado no seu livro *Terra dos homens* — que, depois de um desastre aéreo, perdido nos Andes chilenos, reagia, ao cair por terra, à terrível tentação de abandonar-se no seu leito de neve, esgotado como estava pelo cansaço; mas lá, no mais fundo de sua alma, a consciência lhe clamava: "Se minha esposa, se meus amigos pensam que vivo, pensam que caminho, eu serei um

A FORÇA e a suavidade do Espírito Santo

covarde se não continuo caminhando!" Este pensamento o cumulou de uma energia incrível, como se fosse um potente guindaste que o levantava daquela mortal prostração, cada vez que caía. Uma força imponente o reerguia do solo em cada recaída: "Eles me estão chamando; não posso falhar!" A responsabilidade escondida no mais íntimo de seu ser, movida pelo amor, arrancava-o da neve de um só golpe, e precipitava-o para frente: "Vamos, coração, bate mais forte!, temos que chegar!... e ele começou a pulsar aceleradamente e a empurrar-me... Ah! Eu tive orgulho de meu coração...! E esse coração, movido pelo amor, transportou-o durante duas noites e três dias."

Saint-Exupéry conclui: "Foi assim que te encontramos; choramos todos de alegria e te comprimimos fortemente com nossos abraços, vivo!, ressuscitado!, autor de teu próprio milagre!"[8]

Guillomet, esquecendo-se de si mesmo, querendo salvar os outros, salvou-se a si mesmo; foi o protagonista de sua própria ressurreição.

Relendo esta belíssima passagem, como uma ressonância, vêm-me à memória, de uma forma muito viva, as palavras do Senhor, referidas a seus discípulos: "É por eles que me santifico" (Jo 17, 19). Por eles me esforço, santifico-me a mim mesmo, para que eles também sejam santificados na verdade (Jo 17, 19). É por eles, Senhor, que luto!, deveríamos também nós dizer; é por eles que me esforço e me santifico! Por eles, Senhor! Eles necessitam de um pai, de uma mãe, de um amigo, de um pastor, de um alento, de um líder, de um exemplo! Minhas ovelhas, minha família, meus companheiros, minha comunidade necessitam de mim, e serei um covarde se não continuar lutando, se não me levanto das minhas quedas, se não me

---

8   Cf. A. Saint-Exupéry, *Terra dos homens*, 17ª edição, Edit. José Olympio, Rio de Janeiro, 1973, pp. 28–35.

A EFICÁCIA DA ORAÇÃO PERSEVERANTE E FRATERNA

santifico! Nas horas escuras, geladas como a neve, quanta força dá esse pensamento e como nos ajuda a santificar--nos! Nas nossas derrotas e quedas, nos nossos desânimos e depressões, a lembrança de nossos irmãos passa a ser para nós, no dizer de Santa Teresa, "como um gigante que levanta um punhado de palha". Para conseguir esta união com nossos irmãos e para recolher a força que deles nos vem, teríamos que dizer muitas vezes na oração as palavras de João Paulo II, no penúltimo ano de preparação para o jubileu do ano 2000: "Vem, Espírito de amor e de paz! Espírito de comunhão, alma e sustentáculo da Igreja, fazei que a riqueza de carismas e de ministérios contribua para a unidade do Corpo de Cristo!"

A unidade e a força de coesão da Igreja começarão no seu centro diamantino — que somos nós, os cristãos que assumimos essa responsabilidade —, na íntima solidariedade fraterna que sempre se efetivará, perseverando unânimes em oração ao lado de Maria, a mãe de Jesus.

A explosão de Pentecostes

> *"Depois de Pentecostes o Senhor aumentava cada dia mais o número dos que estavam a caminho da salvação" (At 2, 47).*

Pentecostes foi uma explosão. Os cristãos se multiplicavam em progressão contínua. O vento do Espírito Santo estendia aquela primeira chama que brotou no Cenáculo, de forma extraordinária.

Aquele Pedro, negador e covarde, se apresenta ante o povo na manhã de Pentecostes com uma inteireza e valentia admiráveis. Não teme nada. Evangeliza com extrema audácia. E essa determinação vigorosa é a que

A FORÇA e a suavidade do Espírito Santo

vivem todos os discípulos. Evangelizam abertamente, destemidamente, sem medo do martírio. São espancados e afrontados, e saem do concílio dos fariseus contentes e alegres por terem sofrido aquele ultraje pelo nome de Jesus (At 5, 41).

"Tudo isto, completamente sobre-humano" — escreve Royo Marín —,

> era o efeito do dom de fortaleza que receberam os apóstolos, com uma plenitude imensa, na manhã de Pentecostes.
>
> Somente olhando através desse dom de fortaleza é que se podem conceber as dificuldades e perigos que ultrapassaram e venceram: São Luís, rei da França, para colocar-se à frente da cruzada; Santa Catarina de Sena para fazer regressar o Papa a Roma; Santa Teresa para reformar toda uma ordem religiosa; Santa Joana d'Arc para lutar com as armas contra os inimigos de Deus e de sua pátria etc. Eram verdadeiras montanhas de perigos e dificuldades que lhes saíam ao encalço. Todavia, nada era capaz de detê-los: haviam posto sua confiança unicamente em Deus, seguiam adiante com energia sobre-humana até que nas suas frontes fossem cingidos os louros da vitória. Era simplesmente um efeito maravilhoso do dom de fortaleza que dominava seus espíritos,[9]

e que foi profusamente derramado em todos os "Pentecostes", que marcam os momentos culminantes da renovação da Igreja ao longo da história.

Hoje, como ontem e sempre, o Espírito Santo está presente. No Rio, como no México, em Cuba e em tantos outros lugares, milhões de pessoas gritavam: "Se vê, se sente, João Paulo está presente." E nós, em face desse despontar de novos métodos, de novos movimentos e

---

9 A. Royo Marín, *El gran desconocido, el Espíritu Santo y sus dones*, 4ª edição, Edit. BAC, Madri, 1977, p. 138.

A EFICÁCIA DA ORAÇÃO PERSEVERANTE E FRATERNA

iniciativas, de novos ardores missionários que brotam aqui e acolá, poderíamos também gritar: "Se vê, se sente, o Espírito Santo está presente." Sim, poderíamos repetir com João Paulo II: "O Espírito é também, na nossa época, o agente principal da nova evangelização."[10] Compreendendo que temos que dar o mesmo testemunho de fé que deram os apóstolos depois de Pentecostes, saibamos ver detrás do rosto daqueles que tratamos pastoralmente milhões de vidas que virão depois, em sucessivas ondas, em futuras gerações, ao longo do terceiro milênio. Saibamos escutar, como disse o documento de Medellín, esse "surdo clamor que nasce de milhões de homens pedindo a seus pastores libertação";[11] libertação da miséria, da ignorância, da opressão, dessa cadeia que representa o individualismo egocêntrico pós-modernista; uma libertação salvadora que nos vem de nosso Divino Advogado, Libertador de todos os prisioneiros, porque onde está o Espírito de Deus, ali está a liberdade (2 Cor 3, 17). Com o Espírito, temos que ser também agentes de toda autêntica libertação.

O mundo está ressecado, sedento de Deus. De todos os firmamentos culturais — como de imensos areópagos — levanta-se um clamor de ansiedade, reclamando um sentido para a vida e para a morte. E nós temos que sair ao encontro desses anseios, dessas carências, ajudados com a força do Espírito Santo. O fogo de Seu amor tem que ser impulsionado e dilatado pela impetuosidade do vento pentecostal.

Deus, por alguma razão, escolheu o vento e o fogo como sinais sensíveis do Espírito. O fogo — já o dissemos — é o símbolo clássico do amor, porque ele arde no coração como uma brasa acesa; e o vento — *ruah*:

---

10   João Paulo II, Carta Apostólica *Tertio Millennio Adveniente*, 10/11/1994, n. 45.
11   Conferência de Medellín, 14, 2.

77

A FORÇA e a suavidade do Espírito Santo

a própria fonética hebraica é por si mesma expressiva — é paradigma de liberdade, porque nada, nem ninguém pode acorrentá-lo, como nada, nem ninguém pode aprisionar o Espírito tão volátil como o ar, tão penetrante como uma suave brisa que atua, onde e quando quer, nos espaços mais recônditos da alma humana. O vento e o fogo, quando estão unidos, adquirem às vezes dimensões colossais. Um pequeno ponto de ignição na floresta seca, insuflado pelo vento, pode estender-se de forma incrível. No início de 1998, durante três meses, um incêndio pavoroso destruiu na Amazônia mais de 15% do estado de Roraima. Foram literalmente consumidos casas, plantações, campos, pequenos povoados, o *habitat* milenário de povos indígenas e, especialmente, uma grande superfície da selva virgem, numa área de 33 mil km², superior à extensão da Bélgica. O fogo deixou um cenário apocalíptico.

O vento converte uma faísca num fantástico incêndio. Isto, que é somente uma imagem física, pode ser também uma realidade espiritual.

Estamos vendo, aqui e ali, o nascimento de novas iniciativas, de novos movimentos, de novas tentativas sobrenaturais. Num país e em outro, ressurgem novas formas de piedade popular, de devoção mariana, de grandes empreendimentos de evangelização massiva. No Rio de Janeiro, por exemplo, desenvolveu-se a denominada Missão Popular que teve como lema — inspirado na estátua do Cristo do Corcovado — "um coração novo para o Rio-2000"; foram realizadas em um ano mais de 200 mil visitas a famílias particulares e existe uma vanguarda — como exército em ordem de batalha, *sicut acies ordinata* (Ct 6, 3) — de aproximadamente 25 mil apóstolos leigos, comprometidos a fundo, que estão levando adiante esta iniciativa. Estamos observando, assim, ao lado dessa fome e sede de Deus, como um renascimento espiritual, uma

A EFICÁCIA DA ORAÇÃO PERSEVERANTE E FRATERNA

revalorização de virtudes vilipendiadas, como a castidade e a fidelidade conjugal e, também, da própria família como instituição fundamental e célula básica e indispensável da sociedade. E temos conhecimento de que isto está acontecendo em muitas partes do mundo.

Não poderia ser este fenômeno a faísca inicial de um grande incêndio, de uma verdadeira Nova Era, de uma autêntica — e não de uma ilegítima — *New Age* do Espírito Santo? Não poderão significar estes indícios um avanço estratégico do Espírito Santo, uma "revanche de Deus" — como a denominava Guilles Kepel,[12] uma pequena fogueira que, atiçada pelo vento do Espírito, venha a alastrar-se num grande movimento evangelizador, como se fosse um novo Pentecostes?

Sem poder fazer referência a tantas e tão eficazes entidades e movimentos surgidos no século XX, que tanto bem estão fazendo à Igreja e demonstram o caráter imprevisível, surpreendente e até revolucionário das moções do Espírito Santo, quero fazer notar aqui — pela enorme difusão que teve no Brasil — a Renovação Carismática Católica. É esta uma árvore frondosa que — como toda planta exuberante — poderá precisar de uma benéfica poda — e que, no dizer de João Paulo II, já "produziu muitos frutos para a vida da Igreja":

> O surgimento da renovação, em sequência ao Concílio Vaticano II, foi uma dádiva do Espírito Santo à Igreja. Foi o sinal nítido do desejo de muitos católicos de viverem mais plenamente a sua dignidade e vocação batismais como filhos e filhas adotivos do Pai, de conhecerem o poder redentor de Cristo nosso Salvador através de uma experiência mais intensa de oração individual e de oração em grupo, e de seguirem o ensinamento das Escrituras, lenco-as à luz do mesmo Espírito que inspirou a sua redação. Um dos

---

12 V. G. Kepel, *La revancha de Dios*, Madri, 1991.

79

A FORÇA e a suavidade do Espírito Santo

mais importantes efeitos desse despertar tem sido, com toda a certeza, aquela sede crescente de santidade que vemos nas vidas das pessoas e em toda a Igreja.[13]

O mundo é de palha quando o coração é de fogo. Nossos corações, com o ardor que comunica o Doce Hóspede da Alma, podem multiplicar os pontos de ignição e operar um fenômeno inverso ao de Roraima: estender a paz e a alegria de Deus num incêndio de amor de proporções fantásticas. Em vez daquele cenário apocalíptico da Amazônia, poderíamos fazer brotar um jardim paradisíaco de proporções continentais.

Nós temos que ser — como os apóstolos ao lado de Maria — o epicentro desse grande incêndio de amor.

A responsabilidade de evangelizar com a força do Espírito Soberano deve realizar-se com o júbilo interior com que o Senhor se alegrou quando os 72 discípulos voltaram da Missão. Ele exultou no Espírito Santo (Lc 10, 21) como nos disse o texto de São Lucas. Nossa venturosa vibração tem que ser a "isca" de nosso anzol de pescadores, com a qual atrairemos as pessoas nesta nossa tarefa de introduzi-las na barca de Pedro. Se não há alegria, não haverá atrativo; se não existir atrativo, não haverá pesca. Talvez aqui encontremos a causa de tantos fracassos apostólicos: um cristão triste, acanhado, é frequentemente um cristão ineficaz. A exultação no Espírito é uma condição indispensável para um trabalho apostólico fecundo, para uma pastoral vocacional eficiente: se não existem conversões, vocações, é porque falta vibração. As conversões e as vocações são o melhor termômetro de nosso entusiasmo espiritual.

Alguns homens de Deus, como São Francisco de Assis e o Santo Pe. Pio, levaram no seu corpo as chagas como

---

13   João Paulo II, em discurso aos membros do Conselho Internacional da Renovação Carismática Católica, em 14 de maio de 1992.

sinal da Paixão de Cristo, aproximando muitos de Deus através dessas graças extraordinárias. Nós, sem possuirmos estes carismas especiais, poderemos também arrastar muitos para Deus, levando no nosso rosto os sinais da Ressurreição de Cristo: uma fé convincente, que se traduz numa alegria cativante, e num sorriso que atrai e conquista, vencendo qualquer pessimismo e depressão.

Diante desses imensos desafios, que entrevemos no início do terceiro milênio, temos que pedir ao Espírito essa exultação, essa embriaguez santa, vibrante e alegre, com que os apóstolos, depois de Pentecostes, comunicavam a boa nova; temos que Lhe implorar que nos dê essa eficácia pastoral, que não advém tanto de uma programação tecnicamente perfeita, como dessa silenciosa atuação d'Ele em nossas vidas; temos que pedir ao Divino Paráclito que nos dê o mesmo que deu àqueles pescadores tímidos e incultos: uma audácia tão grande e admirável que consiga superar, como eles o fizeram, todas as barreiras e enfrentar todas as incompreensões, desacatos e tribulações.

Sim, temos que saber suplicar ao Espírito Santo e a Maria que nos comuniquem o fogo consumidor de todas as tibiezas, indiferenças, frialdades e medos; o fogo que queima os corações com o amor, que acende povos e culturas — *sicut ignis qui comburit silvam* (Sl 82, 15) — como aquele fogo devastador que se propagou na selva amazônica.

SEGUNDA PARTE

A EXPERIÊNCIA ÍNTIMA DO DOCE HÓSPEDE DA ALMA E OS SEUS FRUTOS EVANGELIZADORES

A forte e doce experiência que tiveram os apóstolos no dia de Pentecostes é de uma atualidade permanente. Estamos repetindo, ao longo destas páginas, que aquela Fonte Viva de fogo e amor está emanando continuamente e pode inundar a nossa vida e transformar o nosso coração a qualquer momento. Procuraremos a partir de agora descrever de alguma maneira as diversas formas da Unção Divina, agindo em nós em cada circunstância da nossa vida.

Essa fonte que impulsionou a Igreja nascente, que inspirou os santos em cada época da sua história e que fortaleceu os mártires é a mesma que hoje pode revigorar cada uma das etapas do nosso crescimento espiritual, para que se cumpra em nós os desígnios insondáveis de Deus. Dessa plenitude interior brotarão, como a seiva da fibra lenhosa, os frutos maduros da nova evangelização neste terceiro milênio.

CAPÍTULO V

A GRAÇA, AS VIRTUDES E OS DONS DO ESPÍRITO SANTO

Procuraremos, nesta segunda parte, deter-nos em alguns aspectos fundamentais da ação do Espírito Santo na nossa vida interior e na nossa ação evangelizadora. Começaremos pela graça santificante, as virtudes e os dons que formam em nós um verdadeiro organismo sobrenatural semelhante ao organismo humano natural.

No batismo, recebemos a graça santificante que nos dá uma participação verdadeira e real da própria natureza divina, nos toma filhos de Deus e herdeiros da sua glória e nos infunde as virtudes infusas e os dons do Espírito Santo.

A graça santificante e a filiação divina

Cada um de nós, depois do batismo, pode dizer algo que parece incrível: Sou verdadeiramente filho do Criador do Universo, do Rei dos reis!

Mas em que sentido somos filhos de Deus? Qual é a natureza e a profundidade dessa filiação?

É evidente que somos filhos de Deus, porque Ele, ao criar-nos, deu-nos tudo quanto somos e temos. No entanto, devemos compreender que este fato não nos converte propriamente em filhos de Deus, pois a relação que se estabelece entre o Criador e as suas criaturas não

A FORÇA e a suavidade do Espírito Santo

é a mesma que existe entre um pai e o seu filho, mas a que há entre um autor e a sua obra.

Deus, contudo, não se conforma com que sejamos apenas as suas criaturas, e, movido por Seu Amor — um Amor que nunca acabaremos de entender nesta vida, aproxima-se de nós e estabelece conosco uma relação muito mais estreita e familiar. Considerai, diz São João, o amor que nos teve o Pai, que não só quer que nos chamemos filhos de Deus, mas que, de fato, realmente o sejamos (cf. 1 Jo 3, 1). Ser filhos de Deus! Não há nada que seja superior, nada que possa cumular e satisfazer em tal grau as nossas aspirações. Nem a riqueza, nem a formosura, nem a sabedoria, nem o amor humano podem ser comparados à maravilha de sermos filhos de Deus. A filiação divina ultrapassa, em muito, os nossos mais ambiciosos desejos.

O homem chega à existência mediante a geração, e assim como o animal gera um animal da sua espécie, também o ser humano gera outro ser humano semelhante a ele. Com frequência a semelhança é grande e a gente se compraz em reconhecer que tal criança se parece muito com seu pai ou com sua mãe: nas suas feições, no seu porte, no modo de olhar, de falar... Da mesma maneira, o cristão toma-se filho de Deus por meio do batismo, que é como uma nova geração, um nascer de novo. O batismo foi o grande dom que nos outorgou Jesus Cristo. Aqueles que o receberam, aos que acreditaram no seu nome deu-lhes o poder de se tornarem filhos de Deus (Jo 1, 12). É por isto que Santo Tomás diz: "O filho de Deus se fez homem para que o homem se tomasse filho de Deus." Somos filhos no Filho. Com efeito, através do batismo — como já foi dito — recebemos uma participação verdadeira e real da própria natureza divina, que nos torna filhos de Deus e herdeiros da Sua glória. Sem esta participação, seríamos apenas criaturas de Deus, mas de

A GRAÇA. AS VIRTUDES E OS DONS DO ESPÍRITO SANTO

forma alguma filhos Seus. Depois do batismo, no entanto, somos verdadeiramente de estirpe divina, temos os traços, as feições, o porte anímico do Pai.

"Com efeito, para ser Pai" — escreve o reconhecido teólogo Royo Marín —

é preciso transmitir a outro ser a própria natureza específica. O escultor que esculpe uma escultura não é pai daquela obra inanimada, e sim unicamente o autor. Em sentido diferente, os nossos progenitores são verdadeiramente nossos pais na ordem natural, porque nos transmitiram realmente, por via de geração, sua própria natureza humana.

É certo que Deus não nos transmite pela graça sua própria natureza divina como a transmite o Pai ao Filho no seio da Santíssima Trindade, mas sim nos transmite essa natureza divina, por via de adoção. Não devemos pensar, contudo, que essa adoção divina, por meio da graça, é da mesma natureza que as adoções humanas: de maneira nenhuma. Quando um filho, órfão de pai e de mãe, é adotado legalmente por uma família caridosa, recebe dela uma série de bens e vantagens, entre estas destaca-se o sobrenome da família adotiva e o direito aos bens que deixarem de herança. Porém, há uma coisa que não lhe dão, nem poderão dar jamais: o sangue da família. Essa pobre criança tem o sangue que recebeu de seus pais naturais, mas de nenhum modo de seus pais adotivos. Entretanto, quando Deus nos adota pela graça, não só nos dá o sobrenome da família divina — filhos de Deus — e o direito à herança — o Céu, mas também nos comunica, de uma forma muito real e verdadeira, a sua própria natureza divina.

Usando apenas de uma metáfora — já que Deus não tem sangue —, mas de uma metáfora que encerra no fundo uma realidade sublime, poderíamos dizer que a graça é uma transfusão de sangue divino em nossas almas. Em virtude dessa transfusão divina, desse enxerto divino, a

89

alma se acha de tal modo entranhada na mesma vida de Deus, que não só nos dá direito a chamarmo-nos filhos de Deus, mas que nos torna efetivamente, realmente, os seus filhos. Por isso exclama estupefato o evangelista São João: Veja que amor tão grande nos tem mostrado o Pai, que somos chamados filhos de Deus e o somos realmente de verdade (cf. 1 Jo 3, 1).[1]

Somente após o batismo, — acabamos de dizê-lo — podemos chamar a Deus "Pai Nosso". Antes não. Ninguém nasce "filho de Deus". Não somos gerados neste mundo como "filhos de Deus", como se a vida divina estivesse contida num gene e fosse um elemento do nosso DNA. O homem passa a ser imagem e semelhança de Deus somente depois de batizado, quando recebe a filiação divina: Somos *divinae consortes naturae* (2 Pd 1, 4), participantes da natureza divina. Aí sim, a partir daí — utilizando a mesma metáfora — possuímos em toda a sua riquíssima realidade o DNA de Deus.

Quando falamos da participação da divina natureza, acontece algo semelhante ao que se passa com o ferro transformado pelo fogo. O que era frio e escuro, converte-se em brasa ardente e luminosa. Sem deixar de ser ferro, participa da natureza do fogo. Isto é o que acontece quando Deus nos outorga a Sua graça: como o ferro fica incandescente, assim nós ficamos divinizados. De "tal pai, tal filho", diz a sabedoria popular. É exatamente este o sentido da nossa divinização: trazemos em nós os traços de Deus, nosso Pai. Esta realidade nos deve levar, como a São Cipriano, bispo de Cartago, a entoar um verdadeiro hino de ação de graças: "Ó grandeza da misericórdia do Senhor! Ó abismo de bondade e admiração! Ter querido que O chamássemos de Pai Nosso! Nenhum de nós

---

1 A. Royo Marín, *El gran desconocido, el Espíritu Santo y sus dones*, 4ª edição, Edit. BAC, Madri, 1977, pp. 64–65.

A GRAÇA, AS VIRTUDES E OS DONS DO ESPÍRITO SANTO

teria jamais ousado utilizar esse título, se Cristo mesmo assim não no-lo houvesse ensinado."

A dignidade de filhos de Deus é tão profunda, que existe uma diferença bem maior entre um batizado e um pagão, do que entre um homem e um animal. Com efeito, a passagem do animal ao homem, recebendo a natureza racional, é infinitamente inferior ao salto que se dá entre um homem e um filho de Deus: é uma distância incomensurável, pertence a uma ordem sobrenatural não criada, porque participa da natureza divina. A passagem da ordem natural à sobrenatural é infinitamente superior à passagem da ordem animal à racional.

Como deveríamos valorizar o sacramento do batismo! Com que cuidado deveríamos tratar a todos os nossos irmãos batizados filhos do mesmo Pai, por muito ignorantes, pequeninos e carentes que eles fossem! A deferência que a estes dispensamos deveria ser muito maior do que aquela que prestamos aos grandes da Terra só pelo fato de serem importantes: sejam presidentes da república, milionários, príncipes, filhos dos reis e poderosos senhores.

Lembro-me de um episódio insignificante da minha vida, mas para mim realmente significativo. Subia a encosta do Santuário de Nossa Senhora da Penha — era o dia da Padroeira! — em procissão solene, detrás do andor: mitra e báculo. As pessoas se aproximavam de Maria com carinho. Tocavam a sua imagem. Lançavam-lhe beijos simbólicos. Mas não se aproximavam muito do bispo. Talvez por respeito. De repente um menino de rua maltrapilho, que frequentava a igreja, veio correndo e se encostou em mim. Eu o abracei com a mão direita. Ele não se separava de mim. Estava orgulhoso. Parecia-lhe que ninguém como ele compartilhava essa intimidade com o bispo. Mas quem estava orgulhoso era eu. Orgulhoso e feliz: os dois irmãos juntos, ele e eu. Filhos do mesmo Pai. Ele e eu sentimos isso. Ele, sem família, sem escola,

A FORÇA e a suavidade do Espírito Santo

sem futuro, sentia-se um príncipe ao lado do seu irmão e de sua Mãe Santíssima.

É a insubstituível dignidade de um filho de Deus!

Em mil e uma ocasiões pude fazer valer essa dignidade. Estava, não faz muito, falando numa palestra precisamente da misericórdia de Deus Pai. Observava que diante de mim alguém escutava atentamente, não perdia uma palavra. Olhava para mim sem pestanejar. Era um homem de meia-idade, simples e transparente. No intervalo da palestra, aproximei-me dele para lhe dizer: "Muito obrigado pela sua atenção; você me animou muito com a sua atitude ao longo da palestra." Ele com um gesto e um sorriso, manifestou a sua gratidão. Perguntei-lhe, então, o seu nome. E ele me respondeu: "Não vale a pena dizê-lo: eu sou um zé-ninguém." "— Não, você não é um zé-ninguém... eu quero falar mais com você... mas agora não temos tempo... Devo continuar a conferência..."

Com efeito, tive que dar continuidade à segunda parte da palestra. Então aproveitei a oportunidade para dizer: "Aqui, entre vocês, há alguém que diz que é um zé-ninguém, e eu quero que ele saiba que tem um nome e um sobrenome de estirpe real, porque é filho de Deus e é também meu irmão. E eu quero dizer a todos os que pensam ser um zé-ninguém que, ao pisarem esta Terra que Deus criou para nós, devem sentir o que sente um príncipe quando pisa os tapetes do palácio do seu Pai, o Rei: o orgulho santo de se saberem filhos de um Pai que é o Criador do Universo, a fonte da vida e do amor, a infinita bondade que não tem nem princípio nem fim, o Rei dos reis e o Senhor dos senhores (cf. Ap 19, 16).

Quando terminou a palestra, aquele homem, com lágrima nos olhos, disse-me: "Não pode imaginar o que significaram as palavras que nos dirigiu. Daqui em diante, serei outro homem. Nunca mais me sentirei diminuído.

A GRAÇA, AS VIRTUDES E OS DONS DO ESPÍRITO SANTO

Nunca mais terei 'complexo de inferioridade', nunca mais pensarei ser um Zé ninguém."

Sou filho de Deus! Temos que repetir para nós muitas vezes, com nobre orgulho: "Sou filho de Deus! Sou filho do Rei! Tudo o que está à minha volta pertence ao meu Pai e eu sou o seu herdeiro!"

Ao considerar a realidade surpreendente da filiação divina, as palavras não podem acompanhar o coração que se emociona perante a bondade de Deus. Ele nos disse: Tu és meu filho!; não um estranho, não um servo tratado com benevolência, não apenas um amigo, que já seria muito, mas filho!: um filho que se comporta com a liberdade de quem vive no mesmo lar de seu Pai, um filho que pede com o atrevimento de quem sabe que o Pai é incapaz de lhe negar o que é bom para ele, um filho que vive de uma confiança sem limites, porque sabe que tem o melhor dos pais.[2]

Dissemos antes que a graça santificante outorga-nos uma verdadeira e real participação da própria natureza de Deus, mas ela acarreta consigo outra realidade ainda mais impressionante: torna-nos templos da Santíssima Trindade. São Paulo, na Primeira Epístola aos Coríntios, escreve: "Não sabeis que sois templo de Deus e que o Espírito Santo habita em vós?" (1 Cor 3, 16–17); "ou não sabeis que o vosso corpo é o templo do Espírito Santo, que está em vós?" (1 Cor 6, 19).

O Espírito Santo, em união com o Pai e o Filho, é o Doce Hóspede da alma onde mora como num verdadeiro templo vivente. Mas é evidente que Ele não está em nós de uma maneira passiva e inoperante: desenvolve uma atividade vivíssima — através das virtudes e dos

---

2   Cf. R. Llano Cifuentes, *Não temais, não vos preocupeis*, Edit. Marques Saraiva, Rio de Janeiro, 1999, pp. 39 ss.

dons — para levar-nos aos cumes da mais elevada união com Deus que é a santidade.

Como já indicamos, juntamente com a graça santificante, se nos infundem na alma as virtudes infusas e os dons do Espírito Santo que constituem, por assim dizer, o elemento dinâmico e operativo do nosso organismo espiritual. As virtudes e os dons são movidos pelo Espírito Santo na tarefa sublime da nossa santificação. A este tema vamos referir-nos agora.

As virtudes e os dons

É tradicional distinguir a ação das virtudes e dos dons comparando-a com a diferença que existe entre a ação dos remos e o impulso do vento nas velas.

As virtudes atuam segundo um modo humano, sendo o homem a causa motora principal dos próprios atos. É certo que sempre o fazem sob uma moção divina sem a qual nada poderíamos realizar, mas a força primordial parte do homem, como o movimento da barca depende do esforço do remador. Nos dons, o Espírito Santo é a causa motora fundamental como o vento que enche as velas é a força determinante para impulsionar a barca: o homem tem que secundar a ação do Espírito como o marinheiro deve orientar as velas para aproveitar devidamente o vento, mas o faz como cooperador da ação principal que, neste caso, é o vento do Espírito Santo.

O próprio Jesus Cristo proporcionou-nos esta imagem tão expressiva: "O vento sopra onde quer; ouves-lhe o ruído, mas não sabes donde vem, nem para onde vai. Assim acontece com aquele que nasceu do Espírito" (Jo 3, 8). Há no original grego de São João um rico jogo de palavras, intraduzível, entre o "Espírito" e o "vento", porque nesta língua só existe um termo para exprimir "vento" e "Espírito".[3] E foi precisamente o vento impetuoso o sinal sensível da irrupção do Espírito Santo em Pentecostes.

O grande teólogo francês Garrigou-Lagrange, professor de João Paulo II, escreve: "Nesse sentido, os santos são como grandes veleiros, cujas velas desfraldadas recebem docilmente o impulso dos ventos. Assim como a arte da navegação ensina a despregar as velas no momento oportuno e a estendê-las do modo mais conveniente para receber o impulso do vento favorável, assim da mesma maneira a arte de santificar-se consiste fundamentalmente em secundar a ação do Espírito Santo na nossa alma, desdobrando todas as nossas possibilidades, abrindo-nos para o vento da graça. Não sejamos como os veleiros" — termina comentando Garrigou-Lagrange — "que, por não cuidar de observar o vento favorável, guardam recolhidas as suas velas quando deveriam mantê-las desfraldadas".[4] Em grande parte o nosso progresso espiritual depende dessa sensibilidade para abrir-se aos ventos do Espírito.

Insistindo na mesma ideia acrescentamos que nas virtudes conta mais a ação humana; no caso dos dons é preponderante a iniciativa divina: nestes se exige de nós mais a nossa docilidade e a maleabilidade do que a nossa diligência. Quando a mãe ensina o filho a andar, umas vezes se contenta em lhe guiar os passos, impedindo-lhe a queda, mas outras vezes torna-o nos braços para facilitar a sua movimentação. No primeiro caso, se assemelha

---

3   Comentário do versículo da Bíblia Sagrada, tradução dos originais mediante a versão dos monges de Maredsous (Bélgica) pelo Centro Bíblico Católico, 75ª edição, Editora Ave-Maria, São Paulo, 1991, p. 1386.

4   R. Garrigou-Lagrange, *Las tres edades de la vida interior*, t. I, Edit. Palabra, Madrid, 1995, p. 83.

A FORÇA e a suavidade do Espírito Santo

à ação da graça cooperante das virtudes; no segundo, à ação da graça operante dos dons.[5]

Santa Teresinha do Menino Jesus comenta, de uma forma extraordinariamente expressiva, que durante muito tempo se esforçou para subir o mais ínfimo degrau da escada da perfeição sem conseguir superar esse primeiro obstáculo — é o caso da ação própria das virtudes —, mas num instante o Senhor a pegou nos braços e a levou em pouco tempo, como num elevador lá em cima no topo da escada.

A função desse ascensor divino a desempenham os dons do Espírito Santo.

Reparemos no que diz Santa Teresinha: durante longo tempo tentou subir principalmente com o seu próprio empenho; só depois é que veio a atuar essa elevação extraordinária da ação divina. É muito importante levar em consideração que Deus normalmente espera de nós que nos exercitemos esforçadamente, segundo o modo das virtudes, até conseguirmos hábitos arraigados, para depois dar-nos os seus dons de uma maneira inesperada, gratuita, larga e copiosa. É, por isso, muito oportuna a observação feita por Tanquerey, um clássico da espiritualidade:

> É mister advertir que os dons (...) não se exercem de modo frequente e intenso senão nas almas mortificadas

---

5   Cf. A. Tanquerey, *Compêndio de teologia ascética e mística*, vol. I, "Os princípios", tradução da 5ª edição francesa, Seminário de Braga, 1926, 86; A. Royo Marín, *Teologia de la perfección cristiana*, Edit. BAC, Madri, 1968, pp. 156 ss. Entende-se por virtude, em geral, "o hábito ou qualidade permanente que dá inclinação, facilidade, prontidão e gozo para conhecer e praticar o bem e evitar o mal", quando falamos aqui de virtudes referimo-nos, contudo, às virtudes infusas, conferidas na alma pelo batismo, diferentes das virtudes humanas ou adquiridas que as pode possuir qualquer homem, batizado ou não, como a sinceridade, a constância, a valentia, a prudência etc.

As virtudes infusas podem ser teologais (que se referem a Deus): a fé, a esperança, e caridade, e morais: prudência, justiça, fortaleza e temperança. Quando distinguimos no texto virtudes e dons, insistimos, referimo-nos as virtudes infusas e não às humanas.

A GRAÇA, AS VIRTUDES E OS DONS DO ESPÍRITO SANTO

que, por longa prática das virtudes morais e teologais, adquiriram essa maleabilidade sobrenatural que as torna completamente déceis às inspirações do Espírito Santo.[6]

Não se deve levar muito a sério as pessoas que dizem possuir determinados carismas ou graças especiais quando elas não se exercitam para conseguir as virtudes morais de um cristão, como são o espírito de abnegação e de serviço, a paciência, a lealdade, a sinceridade, a constância, a superação do orgulho e da natural autossuficiência etc. O sentimento não é o critério último de discernimento. Este critério é o cumprimento fiel da vontade de Deus: quem procede assim é que entrará no Reino dos Céus, como vemos no Evangelho, e não o que se alimenta de movimentos afetivos ou de exclamações sensíveis: Senhor, Senhor! (cf. Mt 7, 21). A vida espiritual não é feita de espasmos emotivos.

É muito cômodo, para não dizer presunçoso, pretender obter do Espírito Santo um fervor espiritual, uma formação consistente, um ardor missionário, sem empenhar-se a fundo para ir adquirindo, pouco a pouco, as virtudes sólidas, próprias de um cristão ponderado e amadurecido. Desconfiemos de uma atitude que não siga essa norma.

A postura de quem está esperando passivamente ser movido por um sentimento, por uma moção do Espírito Santo e justifica a sua inércia espiritual, porque não é solicitada por uma emoção sensível, seria semelhante àquele que está parado no mar da vida desculpando a sua apatia porque não sopra o vento. A ele se lhe poderia dizer que é precisamente a sua atitude estática que o impede deslocar-se — com a ajuda dos remos — para ir ao encontro das paragens onde os ventos costumam passar.

---

6   A. Tanquerey, Ibidem.

A FORÇA e a suavidade do Espírito Santo

A ausência de sentimento não justifica a falta de progresso nas almas retardadas. Esta se deve, principalmente, a uma disposição passiva, que negligencia o empenho para situar-se dentro do raio de ação do Espírito Santo e para abrir as velas na latitude e na direção em que o vento sopra. Normalmente, a nave da alma tem que ser impulsionada servindo-se simultaneamente tanto dos remos como das velas. E com frequência os remos devem preceder as velas.

Santa Teresa, no *Livro da Vida*, refere-se à alma como a um campo que deve ser regado para conseguir frutos. Ela diz que, sem dúvida, não há coisa mais eficaz e mais gostosa do que essa chuva calma e serena que Deus faz cair com a Sua graça, através dos dons, mas se a chuva não chegar, é preciso esforçar-se tirando água do poço ou irrigando a terra de alguma forma valendo-se de diferentes artifícios humanos.[7]

Este modo de proceder está de acordo com uma longa tradição da Igreja que afirma: a ação da graça nunca dispensa a ação da natureza ou do esforço humano. Tradição que cristalizou numa espécie de aforismo teológico enunciado por Santo Agostinho: "Deus que te criou sem o teu concurso, não te santificará sem a tua cooperação."[8]

Esclarecido este ponto fundamental, devemos contudo reconhecer que os dons do Espírito Santo são absolutamente necessários para a perfeição das virtudes. Estas jamais poderão alcançar a sua plena expansão de desenvolvimento por muito que se multipliquem os esforços humanos. Sem os dons do Espírito Santo, é impossível chegar à santidade.[9]

---

7 Santa Teresa, *Livro da Vida*, Edit. Vozes, Petrópolis, 1961, cap. 11 ss., pp. 79 ss.

8 Santo Agostinho, "Qui creavit te sine te, non justificabit te sine te", Sermo 15, c. 1.

9 V. estudo teológico exaustivo sobre esta matéria em I. Menendez-Reigada, "Necessidad de los dones del Espíritu Santo", Salamanca, 1940.

A GRAÇA, AS VIRTUDES E OS DONS DO ESPÍRITO SANTO

Reproduzir em nós a efusão dos dons de Pentecostes

Aparece de forma clara que, em Pentecostes, houve uma difusão prodigiosa dos dons por uma ação direta do Espírito Santo.

Os apóstolos sentiram-se, por assim dizer, invadidos pelo fogo do Espírito Santo e elevados e transportados pelo Seu vento impetuoso. É por isso que agora — neste nosso desejo de fazer pessoalmente a experiência íntima de um novo Pentecostes — vamos referir-nos fundamentalmente aos dons.[10]

Pentecostes, como já dissemos, não foi um acontecimento isolado que se perdeu ao longo do tempo. Pentecostes é algo atual que pode e deve reproduzir-se hoje na Igreja, especialmente nesta nossa época tão conturbada.

Quando o Papa João XXIII convocou o Concílio Vaticano II, pedia a renovação da Igreja e de cada um de nós com estas palavras:

> Repita-se no povo cristão o espetáculo dos apóstolos reunidos em Jerusalém depois da Ascensão de Jesus ao céu, quando a Igreja nascente se encontrou reunida em comunhão de pensamento e de oração com Pedro e em torno de Pedro, pastor dos cordeiros e das ovelhas.
>
> Digne-se o Divino Espírito escutar da forma mais consoladora a oração que sobe a Ele de todas as partes da Terra. Que Ele renove em nosso tempo os prodígios

---

10 De acordo com a Sagrada Escritura (Cf. Is 11, 1–2), e a posição da Igreja, são sete os dons do Espírito Santo. O hino *Veni Creator*, por exemplo, nos fala do "septiforme dom do Espírito Santo" ("Tu septiforme munere"). Os dons aperfeiçoam e complementam as virtudes, de acordo com Santo Tomás da seguinte maneira: a caridade pelo dom de sabedoria; a fé, pelo dom de entendimento e ciência; a esperança, pelo de temor; a prudência pelo de conselho; a justiça pelo de piedade; a fortaleza pelo dom de fortaleza; e a temperança pelo de temor (Cf. Santo Tomás, *Summa Theologica*, I^{a}II^{ae}, q. 69, a. 3, ad 5; a. 4, ad 2).

99

A FORÇA e a suavidade do Espírito Santo

> como de um novo Pentecostes e conceda que a Santa
> Igreja, permanecendo unânime na oração, com Maria, a
> Mãe de Jesus, e sob a direção de Pedro, dilate o reino do
> Divino Salvador, reino de verdade e de justiça, reino de
> amor e de paz. Amém.

Este nosso tempo, a que alude a oração, é este tempo
que vivemos agora, no início do terceiro milênio. Por esta
razão, diríamos com Paulo VI, "todos nós deveríamos
colocar-nos a barlavento diante do sopro misterioso do
Espírito Santo (...), içar as nossas velas para iniciar uma
nova navegação (...) em direção às novas metas da história,
e ao seu porto derradeiro".[11]

Sim, poderíamos na nossa oração pessoal e íntima,
abrir as velas da nossa alma clamando: Vinde, Espírito
Santo, reacendei em nós o fogo do vosso Amor, renovai
na nossa vida os prodígios de um novo Pentecostes; fazei
com que tenhamos em nossa boca esse dom de línguas
capaz de transmitir a mensagem de Jesus às pessoas das
mais diversas condições e culturas; tornai possível que a
nossa ação evangelizadora seja tão decidida e audaz como
a dos apóstolos; confere-nos uma fortaleza e uma coragem que nos permitam ultrapassar todos os obstáculos,
incompreensões e críticas como o fizeram aqueles simples
pescadores e camponeses da Palestina; e vos pedimos
instantemente, não deixeis de ser para nós sempre e em
todo lugar, esse Doce Hóspede da alma para sentir uma
tal força, consolação e ternura que nos levem a proclamar
em altos brados: não há nada tão grande, tão cativante,
tão sedutor, tão inefável como vosso infinito Amor!

Talvez a nossa oração, pedindo que se realize em nós
uma nova conversão no Espírito Santo, venha a encontrar
os termos mais adequados numa invocação formulada

---

11   Paulo VI, Audiência Pública, 23/05/1973, em *L'Osservatore Romano*, 27/05/1973.

por uma pessoa extremamente simples e santa: a Serva de Deus Francisca Javiera del Valle: costureira de profissão, mas de uma elevação teológica que "poderia igualar-se a que se observa nos melhores escritos de São João da Cruz e de Santa Teresa de Jesus: ela faz ver que sente o que diz e que diz porque o está sentindo".[12]

Transcrevo agora essa oração. Enquanto assim o faço, imploro ao mesmo tempo que se realize em mim, e em todos os que a estão lendo, aquilo que ela solicita. Atrevo-me a pedir igualmente à leitora ou ao leitor que adote a mesma disposição e se deixe permear pelos mesmos sentimentos que inundaram o coração da sua autora:

Santo e Divino Espírito, que por Ti fomos criados sem outro objetivo que o de gozar pelos séculos sem fim da felicidade de Deus e fruir d'Ele e com Ele das Suas formosuras e glórias.

Olha, Divino Espírito, que tendo sido todo o gênero humano chamado por Ti a gozar desta felicidade, é muito reduzido o número dos que vivem com as disposições que Tu exiges para a adquirir!

Olha, Santidade suma! Bondade e caridade infinita, que não é tanto por malícia como por ignorância! Olha que não Te conhecem! Se Te conhecessem não o fariam! Estão tão obscurecidos hoje as inteligências que não podem atingir a verdade da Tua existência!

Vem, Santo e Divino Espírito! Vem; desce à Terra e ilumina as inteligências de todos os homens.

Eu Te garanto, Senhor, que com a claridade e a beleza da Tua luz, muitas inteligências Te hão de conhecer, servir e amar.

Senhor, olha que ninguém pode resistir sem vacilar a claridade da Tua luz e a ferida do Teu amor.

---

12 Parecer do teólogo dr. Francisco Roldán ao Cardeal Almaraz, Arcebispo de Sevilha. Francisca Javiera del Valle, *Decenário do Espírito Santo*, Edit. Ediel, Lisboa, 1998, p. 14.

Recorda, Senhor, o que aconteceu àquele homem tão famoso de Damasco, no começo da Tua Igreja. Olha como odiava e perseguia de morte os primeiros cristãos!

Recorda, Senhor, com que fúria saiu com o seu cavalo (...) e precipitadamente corria à procura dos cristãos para passar à espada todos quantos encontrava!

Olha, Senhor! Olha o que aconteceu; apesar da intenção que levava, iluminaste com a Tua luz a sua escura e cega inteligência, feriste-o com a chama do Teu Amor e imediatamente Te conhece; dizes-lhe quem és, segue--Te, ama-Te e não tiveste, nem entre os Teus apóstolos, defensor mais acérrimo da Tua Pessoa, da Tua honra, da Tua glória, do Teu nome, da Tua Igreja e de tudo o que a Ti, nosso Deus, se referia.

Olha, Senhor, que não é fácil resistir a Tua luz, nem a Tua ferida, quando feres com Amor!

Pois vem, e sê a claridade da Tua luz, para as inteligências que não conseguem conhecer-Te, vem como fogo que és e ateia todos os corações que hoje existem sobre a Terra.

Senhor, eu juro-Te por quem és, que se isto fazes, ninguém resistirá ao ímpeto do Teu Amor!

É verdade, Senhor, que as pedras são insensíveis ao fogo! É pena! Mas o bronze termina por derreter-se!

Olha, Senhor, que as pedras são poucas, porque é muito pequeno o número dos que, depois de Te conhecer, Te abandonam! A maioria, que é imensa, nunca Te conheceu!

Põe em todos estes corações a chama divina do Teu Amor e verás como Te dizem o que Te disse aquele teu perseguidor de Damasco: "Senhor, que queres que eu faça?"

Ó Mestre Divino! Ó consolador único dos corações que Te amam!

Olha hoje para todos os que Te servem com a grande pena de não Te ver amado porque não és conhecido!

Vem, consola-os, Consolador Divino!, porque, esque-
cidos de si, nem querem, nem pedem, nem clamam, nem
desejam coisa alguma senão a Ti, e a Ti como luz e fogo
para que incendeies a terra de um confim a outro, para
ter o consolo de ver-Te nesta vida conhecido, amado,
servido de todas as Suas criaturas, para que em todos
se cumpram os Teus amorosos desígnios e todos os que
agora existem na terra, e os que hão de existir até o fim do
mundo, todos Te louvemos e bendigamos na Tua divina
presença pelos séculos sem fim. Assim seja.[13]

Comovente oração que procurei traduzir na sua espontânea simplicidade, e que cada um de nós poderia
aplicá-la a si próprio e a todos os entes queridos, porque
não há maior expressão de amor que desejar àqueles que
se amam o Amor dos amores, o Amor incomensurável
que torna o coração exultante de felicidade, o Amor por
excelência, o Amor infinito do Pai ao Filho e do Filho ao
Pai, o Amor substancial que é o Espírito Santo.

É por essa razão que nada há mais desejável para um
cristão do que incendiar o mundo com esse Amor. Re-
produzir no lar, na comunidade, na sociedade e na pátria
um novo Pentecostes. "A renovação no Espírito Santo",
escreve o cardeal Suenens,

não é restrita, pois, é destinada e dirigida a toda a Igreja.
O Espírito Santo não é monopólio de ninguém. Nem de
uma pessoa, nem de grupos, e classificar a renovação
pentecostal como se fosse um daqueles "movimentos"
especiais que existem na Igreja, seria o mesmo que
negar sua significação (...). O componente carismático
pertence à essência da Igreja (...). É preciso reler os
Atos dos Apóstolos com novos olhos. Veremos, então,
mais nitidamente, que o episódio de Pentecostes ainda

---

13   Francisca Javiera del Valle, loc. cit.

A FORÇA e a suavidade do Espírito Santo

permanece, e que a renovação pentecostal é, realmente, como disse Paulo VI uma chance para a Igreja e para o mundo.[14]

Nós temos que fazer uma releitura em profundidade para descobrir, com a luz do Espírito Santo, o que está oculto nessas *magnalia Dei*, nessas magnificências de Deus operadas a partir de Pentecostes, no momento histórico em que nasceu a Igreja. Nós também temos que adquirir, no dizer de Paulo VI, "a capacidade ordinária de receber o Espírito Santo, de ouvir a Sua voz tênue e doce, de se sujeitar às Suas inspirações e de se beneficiar dos Seus carismas (...) sendo discípulos e mestres da Sua escola".[15]

Mas para ser mestre dessa extraordinária e invejável escola de Amor é preciso — como também disse Paulo VI — experimentá-Lo antes no fundo da alma, ter a experiência viva de Deus, antes de comunicá-Lo. Assim o diz — e nós o repetimos — na *Evangelii Nuntiandi*: "O homem moderno está mais disposto a escutar as testemunhas do que os mestres e quando ele escuta os mestres é porque antes eles foram testem unhas."[16]

Experimentar no paladar da alma a vida de Deus é o que permite comunicar sua mensagem com entusiasmo. Entusiasmo, na sua raiz grega — em *theos* — significa Deus dentro de nós, o Doce Hóspede da alma, fazendo do nosso coração a morada do seu Amor esponsal.

Por esta exigência, vamos refletir agora no dom de Sabedoria que leva à sua última perfeição esse Amor esponsal, compreendido na virtude da caridade. Sendo

---

14   Cardeal Leo-Jozef Suenens, na apresentação do livro *Como um novo Pentecostes*, Gallagher Mans Field, Edit. Louva-a-Deus, Rio de Janeiro,1995, p. 7.

15   Paulo VI, Alocução na Audiência Pública de 23/05/73, em *L'Osservatore Romano*, 27/05/73.

16   Paulo VI, Exortação Apostólica Evangelii Nuntiandi, 08/12/75.

A GRAÇA, AS VIRTUDES E OS DONS DO ESPÍRITO SANTO

a caridade a mais perfeita de todas as virtudes, já se compreende que o dom de Sabedoria será, por sua vez, o dom mais elevado e excelente.

Sendo impossível tratar os outros dons com a extensão que merecem, ao refletir sobre o de Sabedoria faremos as referências necessárias aos outros que de alguma maneira o acompanham e o completam.

Propositadamente se repetirão conceitos já formulados, ainda que de uma maneira diferente, para abordar a mesma verdade de ângulos e perspectivas diversas.[17]

---

17 Nesta exposição nos guiaremos principalmente pelo pensamento do conhecido teólogo Royo Marín, notadamente, pelas suas obras já citadas: *El gran desconocido, el Espíritu Santo y sus dones* (pp. 190 ss.) e *Teologia de la Perfección Cristiana* (pp. 144 ss.).

CAPÍTULO VI

O DOM DE SABEDORIA E A UNIÃO ORGÂNICA DE TODOS OS DONS

O saber e o sabor

O dom de Sabedoria é um hábito sobrenatural, infundido por Deus na alma no momento de receber o batismo, que nos dá um conhecimento experimental e saboroso de Deus, cheio de uma indizível suavidade e doçura.

Pela fé nós cremos, pelo dom de Sabedoria nós experimentamos e saboreamos o que a fé crê. São duas maneiras diametralmente diferentes de conhecer e de compreender. O dom de Sabedoria nos outorga uma espécie de instinto divino que nos dá uma sabedoria sobrenatural acima de toda a sabedoria humana. Isto é o que explica que uma mãe de família, um operário da construção, uma empregada doméstica, um porteiro de prédio, uma costureira como Francisca Javiera del Valle, uma jovem ignorante como Catarina de Sena, uma mulher sem estudos teológicos como Santa Teresa d'Ávila, ou Santa Teresinha de Lisieux, um sacerdote que foi reprovado no seminário como o Santo Cura d'Ars se expressem com um acerto e uma profundidade que deixa pasmos os teólogos e especialistas.

A pessoa, que está sob a ação do dom de Sabedoria, não procede através de um prolongado raciocínio, senão de um modo rápido e instintivo, como se o Espírito Santo pusesse no coração, na cabeça e na boca, a palavra e o conselho adequados. Não perguntemos aos que têm um conhecimento experimental de Deus quais as razões que os levaram a pensar, falar ou agir dessa maneira: Eles o sentiram assim com uma clarividência e segurança infinitamente superiores a todos os discursos e raciocínios.

Estas considerações deveriam levar-nos a orar quase que continuamente: "Vem, Espírito Santo, enche o meu coração com o Teu Amor, a minha inteligência com a Tua Luz, a minha boca com a Tua Sabedoria, para que possa comunicar com a Tua Força essas verdades que arrastam, essas vivências que entusiasmam com a sua espontânea autenticidade, que cativam com a sua força e ternura!"

Aqui a palavra "Sabedoria" — como já dissemos — ganha a dupla significação: saber e sabor. As almas que a experimentam compreendem muito bem o sentido daquela expressão do salmo: "Provai e vede quão suave é o Senhor" (Sl 33, 9). Não é apenas saber, mas provar, gostar, saborear, fruir. Experimentam-se sentimentos tão fora do alcance da imaginação humana, que parecem já pressentir os inefáveis gozos da felicidade eterna!

Não se pense que viver neste estado, permeado pelo dom de Sabedoria, é algo extraordinário, reservado a pessoas singulares que recebem graças especiais. Pensar isso seria um erro crasso. Este estado pertence por direito ao caminho ordinário de santidade ao qual todos estamos chamados.

A santidade não é algo excepcional. Santidade equivale a plenitude. E nós fomos criados para a plenitude, para a perfeição. Nenhum pai — muito menos um Pai infinitamente bom — poderia criar-nos para a imperfeição. Nenhum filho — por mais despossuído que estivesse de ambições — aceitaria do seu pai uma declaração como esta: "Meu filho, contenta-te com que tens, não aspires a mais. Eu te criei, mesmo, para ser medíocre!" A santidade

O DOM DE SABEDORIA E A UNIÃO ORGÂNICA DE TODOS OS DONS

representa o término normal do nosso crescimento espiritual. A imperfeição, a tibieza é algo que pertence às almas retardadas: uma verdadeira atrofia da personalidade. Mais ainda, não se pense que a santidade é uma mera opção. Não! É um imperativo divino. O Senhor nos diz: *Estote perfecti sicut Pater vester perfectus est.* Sede perfeitos, sede santos, como é santo o vosso Pai (cf. Mt 5, 48). O termo latino *estote!* — sede! — tem ressonâncias peremptórias, terminantes, irrecusáveis, decisivas, apremiantes. Tanto que, se não chegamos a esse nível, estamos condenados à frustração. No Céu, na felicidade eterna, só entram santos. Os que, ao morrerem, não atingirem esse nível, terão que ir ao Purgatório, que é um estado de aperfeiçoamento, de purgação, de santificação.

Como só pelo dom de Sabedoria podemos chegar aos cumes do amor, ele é necessário para conseguir a nossa santidade.

O dom de Sabedoria nos outorga também a verdadeira visão sobrenatural. Sabe encontrar em tudo a razão divina dos acontecimentos. Não julga as contrariedades, desgraças, fracassos, desrespeitos, frustrações e doenças, da forma como são humanamente consideradas; sabe remontar-se até Deus para perguntar-se: Pai, por que motivo permites que isto aconteça? O que representará isto dentro dos Teus desígnios amabilíssimos?... E o Espírito Santo, no fundo da nossa alma, nos vai mostrando com a Sua Sabedoria, os motivos das determinações do Pai e a conveniência dos Seus caminhos.

Este considerar as coisas, como antes falávamos, com visão sobrenatural, nos permite estar por cima das mesquinharias, do jogo das vaidades, das invejas competitivas, da mentalidade materialista que valoriza o homem pelo seu *status* social ou pela sua situação financeira... Essa visão sobrenatural era a que levava a um São Luís Gonzaga a perguntar-se, em todas as circunstâncias da

A FORÇA e a suavidade do Espírito Santo

sua vida *Quid ad aeternitatem*? — Que representa isto para a eternidade? Sim, ela também nos ensina a valorizar, com serenidade, cada acontecimento em face do nosso destino eterno.

A união orgânica de todos os dons

Essa visão sobrenatural, própria do dom de Sabedoria, está enriquecida pelos outros dons que atuam, em unidade de vida, ao seu lado: o dom de Piedade, de Temor, de Entendimento, de Ciência, de Conselho e de Fortaleza.

Cada um dos dons cumpre uma função específica, mas não podemos entendê-los como independentes ou fechadas em si mesmos: eles se interligam entre si como as partes de um mesmo organismo. Não se pode dizer, com certeza, o que é próprio e exclusivo de um ou de outro, porque todos eles partem de um mesmo e Divino Espírito... Da mesma maneira não se pode delimitar nitidamente o que é próprio e exclusivo da imaginação, da memória, do raciocínio, da intuição, da empatia, "da sabedoria do coração", porque elas partem de uma mesma personalidade e formam no ser humano uma unidade orgânica.

Entende-se que amar a Deus sobre todas as coisas de um modo divino, próprio do dom de Sabedoria, leve também de uma maneira sobrenatural a viver compenetrado com o profundo sentimento da filiação divina, próprio do dom de Piedade que nos faz clamar, como filhos, incitados pelo Espírito Santo: Abba!, Pai, papai. Foi isso o que aconteceu, como já o referimos, a São Josemaría Escrivá que, a impulsos do Espírito Santo, passou duas horas na rua repetindo "*Abba, Abba*, papai!..." São efeitos irreprimíveis dessa consciência íntima e inigualável que dá o sentimento da filiação divina proveniente do dom de Piedade.

O DOM DE SABEDORIA E A UNIÃO ORGÂNICA DE TODOS OS DONS

Esse afeto profundo próprio do dom de Piedade leva, por sua vez, à filial ternura, característica do dom de Temor: Temor de ofender a quem tanto se ama. Um Temor amoroso tão divino e acentuado que prefere mil vezes morrer a ofender seu Pai. Conheço muita gente que tem o costume de dizer: "Antes morrer que ofender a Deus." E, em concreto, lembro-me de uma pessoa que aprendeu a repetir e assim o faz todos os dias: "Virgem do Pilar, antes morrer que pecar."

Algo semelhante poderíamos dizer do dom de Entendimento. De uma forma instintiva a pessoa chega a entender que, sem Deus, a vida seria uma corrida para a morte, que nada valeria a pena, que todas as grandes e nobres ambições humanas ficariam também enterradas quando se enterra o corpo... Isso o compreende toda pessoa que tenha uma certa profundidade, como incisivamente o intuía o notável filósofo francês Bergson, quando não vivia dentro de uma atmosfera cristã: "Suponhamos que chegasse até nós um lampejo desse mundo desconhecido (o Paraíso), seria suficiente para converter em realidade viva e operante a fé na vida eterna, que parece encontrar-se na maioria dos homens, mas que fica sempre encerrada em algo verbal, abstrato e ineficaz... Na verdade, se estivéssemos seguros, absolutamente seguros, de viver depois da morte, já não poderíamos pensar em outra coisa... O prazer seria eclipsado pela alegria."[1]

Pois bem, essa intuição, esse lampejo, converte-se numa claridade vivíssima, potencializada pela efusão do Espírito Santo, através do dom de Entendimento ou de Ciência. Sente-se que, em comparação com o amor e a alegria eterna, o passageiro — as honras, as riquezas, o poder, as dignidades, os prazeres... — não vale nada, vale menos que o lixo, ou mais ainda, são consideradas como

---

1   Cit. por A. Frossard, *Hay otro mundo?*, Edit. Rialp, Madrid, 1970, p. 60.

A FORÇA e a suavidade do Espírito Santo

esterco, no dizer de São Paulo na Epístola aos Filipenses (cf. Fl 3, 8).

Assim se compreendem expressões tão frequentes nas mulheres e nos homens de Deus, como estas de Santa Teresa:

> Diante das riquezas e das honras dos poderosos, eu ria e sentia lástima de ver o que estimam os homens, lembrando-me quanto o Senhor nos tem reservado no céu e pensava quão impossível me seria (...) dar valor àquelas coisas, se o Senhor não me tirava a lembrança das outras. Aquelas outras pareciam-me um formigueiro.[2]

O dom de Ciência, assim, outorga-nos, por um lado, a experiência viva do caráter transitório desta vida, o vazio que deixam as coisas da terra quando se procuram em si mesmas sem relação com Deus; e, por outro, um grande amor a este mundo bonito e a beleza das criaturas que Deus criou para nós: Dostoiévski se comovia diante de um cordeirinho que lhe lembrava Jesus; São João da Cruz no seu *Cântico espiritual* se encantava ao ouvir um balbucio, um murmúrio que vinha dos montes, das ribeiras, dos bosques, do prado verde de flores esmaltado e ele dizia: "De Ti, Senhor, eles me vão mil graças relatando (...) um não sei quê que querem ir balbuciando."[3]

A formosura e a fragrância das flores, obrigava São Paulo da Cruz a dizer-lhes entre transportes de amor: "Calai, florzinhas, calai." Este mesmo sentimento é o que inspirava ao *poverello* de Assis o seu famoso "Canto ao Sol" e aquele sublime sentido de paternidade universal com todas as coisas saídas das mãos de Deus: com o irmão sol, o irmão lobo, a irmã flor.

---

2   Santa Teresa, *Livro da Vida*, Editora Vozes, Petrópolis, 1961, cap. 38, p. 4.

3   São João da Cruz, *Obras Completas*, Editora Carmelo, Coimbra, 1986, pp. 564–565.

Esta Sabedoria que a vida eterna sabe e toda pena apaga, em expressão de São João da Cruz, está unida a uma ciência inigualável que permite a uma mãe, a um pai, a um diretor espiritual, a um pregador, a um cristão comum, ao exercer o seu apostolado, uma acuidade de visão, uma capacidade de interpretação, um acerto nas expressões que ultrapassam de muito as possibilidades humanas.

Graças a este dom de Ciência, permeado do dom de Conselho, pregava São Vicente Ferrer com um tal prodigioso êxito que admirava e removia os corações como o podemos verificar nas suas biografias. Abandonava-se à ação do Espírito Santo e todos os ouvintes ficavam impressionados. Era fácil ver que o Espírito Santo falava pela sua boca. Um dia, em que devia pregar diante de um príncipe, pensou que devia acrescentar ao preparo do seu sermão um maior estudo e diligência humana. Assim o fez com extraordinário interesse, mas nem o príncipe nem o resto do auditório ficaram tão satisfeitos com esta pregação tão estudada como a que fez no dia seguinte, em que se comunicou, como fazia ordinariamente, seguindo o movimento do Espírito Santo. Fez-se-lhe notar a diferença entre os dois sermões e ele respondeu: "É que ontem pregou frei Vicente e hoje foi o Espírito Santo."[4]

É certo que devemos colocar todos os meios humanos para preparar uma aula de doutrina, de catequese, uma palestra ou homilia, mas é muito mais certo que devemos invocar instante e fervorosamente a ajuda do Espírito Santo, tanto no momento de preparar-nos como na hora em que externamos o nosso pensamento.

"Conta-se nas biografias de São João Maria Vianney", escreve Riaud,

---

4   Cf. A. Royo Marín, *El gran desconocido, el Espíritu Santo y sus dones*, op. cit., p. 159.

A FORÇA e a suavidade do Espírito Santo

que certo sacerdote da diocese vizinha de Autun teve de ocupar-se de um caso de consciência particularmente espinhoso. Depois de refletir demoradamente e de pedir conselho a diversas pessoas sem encontrar solução, dirigiu--se a Ars para solicitar a opinião do santo pároco.

Foi como se uma nuvem se tivesse dissipado de repente, declararia mais tarde. O Pe. Vianney não lhe disse senão uma única palavra, mas essa palavra, simples e decisiva, ninguém a conseguira encontrar até então; não constava de nenhum dos tratados de teologia moral que esse sacerdote havia consultado, e no entanto respondia a todas as suas perplexidades; lançava uma claridade tão viva sobre o ponto mais obscuro da questão que não pode deixar de dizer consigo mesmo: "Este homem tem de ter alguém que o aconselha, alguém que lhe sopra as respostas..." Dirigiu-se então ao Cura d'Ars e perguntou-lhe: "Onde estudou teologia, senhor pároco?" O Pe. Vianney, em resposta, limitou-se a apontar-lhe o seu genuflexório...

Há alguém que lhe sopra as respostas: não saberíamos exprimi-lo melhor. Sim, o Cura d'Ars tinha quem lhe "soprasse" as respostas certas, e esse "soprador", por sinal infalível, era o próprio Espírito Santo.[5]

* * *

Os biógrafos do Pe. Vianney, procurando explicar a admirável capacidade de discernimento do venerável pároco, assinalam com justeza que a sua visão certeira, o seu golpe de vista extremamente rápido e o seu juízo reto não se explicavam por uma especial perspicácia natural, pelas qualidades adquiridas nos primeiros anos de formação nem pelos seus estudos e longas reflexões. Antes parecia haver no espírito desse humilde sacerdote um critério latente e infalível, uma chave que lhe permitia

---

5   A. Riaud, *A ação do Espírito Santo na alma*, Quadrante, São Paulo, 2024, p. 55.

abrir as portas mais secretas e mais bem guardadas do coração, um fio que o ajudava a orientar-se no labirinto das consciências, ou um diapasão que vibrava em uníssono com tudo o que era reto e justo, mas que emitia um som destoante de tudo o que era mau e injusto.[6]

* * *

Esta última comparação é a que nos parece exprimir melhor essa espécie de intuição pela qual a alma sob a ação do dom de Conselho discerne, de imediato e como por instinto, o que deve fazer ou dizer em qualquer circunstância. Assim o prenunciava o Senhor: "Quando vos levarem às sinagogas, perante os magistrados e as autoridades, não vos preocupeis com o que haveis de dizer nem como deveis falar, porque o Espírito Santo vos ensinará no momento propício o que deveis dizer" (Lc 12, 11–12).[7]

Algo parecido acontecia com Santa Teresa do Menino Jesus. Consciente como estava da sua incapacidade de criança pequena diante de Deus, ela esperava tudo do Espírito Santo. "Pude observar diversas vezes", escrevia,

que Jesus não quer que eu armazene provisões. Alimenta-me a cada instante com um alimento novo, que vou encontrando dentro de mim sem saber como chegou ali (...). Creio que é o próprio Jesus, escondido no fundo do meu pobre coração, quem atua em mim de maneira misteriosa e me inspira a cada momento o que deseja que eu faça.[8]

---

6 Francis Trochu, *O Cura d'Ars*, cit. por A. Riaud, *A ação do Espírito Santo na alma*, Edit. Quadrante, 2024, p. 56.

7 A. Riaud, op. cit., p. 50.

8 A. Riaud, loc. cit.

A FORÇA e a suavidade do Espírito Santo

Por isso, já desde os começos de sua vida religiosa, demonstrou possuir uma prudência consumada, que as suas superioras e as suas irmãs de religião reconheciam unanimemente. A Madre Maria Gonzaga escrevia a seu respeito: "Jamais poderia acreditar que uma menina de quinze anos tivesse um critério tão amadurecido; desde os primeiros tempos do seu noviciado, não havia nenhum reparo a fazer-lhe, tudo era perfeito."[9]

O dom de Conselho permite encontrar soluções imediatas, escolher caminhos acertadíssimos e tomar decisões firmes, como instintivas, que elegem em um instante o heroísmo em lugar da indolência, o melhor em vez do medíocre, a cruz salvadora em troca dos prazeres, da vida fácil e da moleza. É a ação calada, suave e forte, do Mestre da vida interior que reside no centro solene da nossa alma.

Não é estranho que, ao longo da história da Igreja, tenham aparecido figuras aparentemente insignificantes, rudes ou ignorantes como os pastorinhos de Fátima — Lúcia, Jacinta e Francisco —, que abalaram o mundo ao revelar os caminhos da humanidade ao longo do século XX, como a aparição da Segunda Guerra Mundial, o progresso vertiginoso e a queda inesperada do comunismo e o atentado sofrido por João Paulo II na Praça de São Pedro; ou como a extraordinária personalidade de Santa Catarina de Sena que, com a força dos seus conselhos, trouxe o Papa de Avignon a Roma e se tornou o seu braço direito e a sua melhor conselheira; ou como Santa Joana d'Arc, rude camponesa de Domrémy, uma aldeia francesa, que reabilitou a dignidade de Carlos VII da França e, desconhecendo por completo a arte militar, traçou planos e dirigiu operações que pasmaram de admiração os mais experientes comandantes dos exércitos franceses.

---

9   Ibidem.

Em muitas ocasiões, ela manifestou a consciência da absoluta desproporção entre a sua incapacidade e os resultados que viria a obter. Numa determinada circunstância disse:

> Sim, é certo, não sou mais que uma criança, uma criança ignorante... Desconheço tudo o que se refere à guerra, incapaz de enfrentar a rudeza dos acampamentos e o convívio com os soldados... Porém estou decidida a não recuar... Deus confiou-me uma missão... Daqui a um ano, a partir de hoje mesmo, acertaremos um golpe aos ingleses que marcará o princípio do fim.[10]

De onde lhe vinha a Donzela de Orléans — como a chamavam — uma criatura tão frágil, tal prudência e capacidade de discernir, tal segurança, tal coragem... Sem dúvida, de uma fonte que não é humana, certamente uma fonte divina: o Espírito Santo. Essa coragem deriva ao mesmo tempo do dom de Fortaleza infundido pelo Espírito Santo. "O mundo tem podido contemplar, ao longo de vinte séculos, incríveis maravilhas. Viu milhões de almas de ricos e pobres, doutores e ignorantes, velhos e jovens", escreve Arrighini,

> vivendo em todos os estados e condições, sob todas as latitudes, no meio de todos os perigos, fortes, cheios de coragem, constantes na execução dos seus deveres cristãos, em superar as tentações do mundo, do demônio e da carne, em combater e vencer todos os inimigos e perigos. O próprio Espírito Santo rende, por boca de São Paulo, o seu próprio testemunho: pela fé subjugaram reinos, exerceram a justiça, alcançaram as promessas, obstruíram a boca dos leões, extinguiram a violência do fogo, escaparam ao fio da espada, convalesceram na doença,

---

10   M. Twain, *Juana de Arco*, Edit. Palabra, Madri, 1989, p. 67.

A FORÇA e a suavidade do Espírito Santo

fizeram-se fortes na guerra, desbarataram os acampamentos bélicos dos estrangeiros... suportaram troças humilhantes, chicotadas, cadeias...; foram apedrejados e morreram a golpe de espada... (cf. Hb 11, 33–38).[11]

Foi esse dom de Fortaleza que galvanizou a fraqueza dos apóstolos depois de Pentecostes. Acabavam de abandonar vergonhosamente a Jesus fugindo dos horrores do Calvário como Pedro e, logo após essa transformação profunda provocada pelo Espírito Santo defenderam o seu Mestre com uma coerência, uma intrepidez, uma valentia sobre-humanas: não temeram nada, nem ninguém! Maltratados e ao mesmo tempo destemidos diante daquele grande conselho do sumo sacerdote, reafirmaram: É preciso obedecer antes a Deus do que aos homens. E saíram de lá contentes e alegres de terem sofrido aquela afronta pelo nome de Jesus (cf. At 5, 41). Quase todos eles morreram mártires e Pedro, crucificado como o seu Mestre, pedindo humildemente ser pregado na cruz de cabeça para baixo...

E precisamente encontramos a origem dessa força sobre-humana na efusão do Espírito Santo, no dia de Pentecostes. Desta forma os dons do Espírito Santo se integram, ao lado do dom de Sabedoria, — o mais eminente de todos eles — numa verdadeira unidade orgânica.

O ápice do dom de Sabedoria: o amor heroico

Também esse saber e entender, esse amor saboreado no paladar da alma, unido a essa força sobrenatural,

---

11 P. Arrighini, *Il Dio ignoto*, Roma, 1937, pp. 336–338, cit. por A. Royo Marín, *El gran desconocido, el Espíritu Santo y sus dones*, 4ª edição, Edit. BAC, Madri, 1977, pp. 132–133.

O DOM DE SABEDORIA E A UNIÃO ORGÂNICA DE TODOS OS DONS

deram como resultado um elenco interminável de homens e mulheres que nos ensinaram o exemplo de um amor heroico. Este capítulo é interminável. Achegando-nos aos testemunhos mais próximos, poderia recordar um acontecimento recolhido de alguém que o viveu de perto. Durante a Guerra Civil Espanhola, estando Mons. Escrivá acamado com 39° de febre, recebeu uma carta de um filho espiritual que se encontrava na frente de batalha. Escrevia que sentia necessidade da sua presença. Levantou-se imediatamente e foi até a estação do trem. Lá reparou que não tinha dinheiro para a passagem. Chegou como pôde, esticando o percurso com ajudas de uns e de outros passageiros. Ao chegar no *front*, febril, pálido, desgastado, aquele soldado, autor da carta, contentíssimo e ao mesmo tempo abismado com tal demonstração de carinho, disse-lhe: "Mas padre, como veio visitar-me? O senhor está doente, a viagem foi longa, o lugar é perigoso... Eu manifestara o desejo de estar ao seu lado... mas não podia imaginar que de fato viria e muito menos nestas circunstâncias..." E profundamente comovido, não pode aguentar as lágrimas. E aquele homem santo, serenamente, sem dar a menor importância, acostumado como estava a fazer coisas extraordinárias, heroicas, todos os dias, acrescentou: "Meu filho, depois de ler a sua carta, deve compreender que, na situação em que você se encontrava, eu não podia deixá-lo sozinho..." E a confidência foi longa, entranhadamente paterna, reconfortante... Talvez para aquele jovem o seu encontro com este homem de Deus, no meio das trincheiras, foi o acontecimento mais importante da sua vida...[12]

É uma forma heroica de cumprir aquele mandamento novo do Senhor: Amai-vos uns aos outros, como eu vos

---

12 Cf. *Postulación de la causa de beatificación y canonización del siervo de Dios Josemaría Escrivá de Balaguer*, Roma, 1979, p. 200.

A FORÇA e a suavidade do Espírito Santo

amei (cf. Jo 13, 34). E Ele nos amou dando a Sua vida por nós. Uma história como esta comove-nos profundamente. Agora vem à minha memória a lembrança de um episódio semelhante narrado por Francis Trochu, o melhor biógrafo do santo Cura d'Ars. Foi acordado no meio da noite para atender a um doente. Talvez ninguém sabia que o próprio sacerdote estava também bastante enfermo. Quando chegou ao quarto daquele que precisava dos seus cuidados, este, reparando no estado do santo, exclamou comovido e agradecido: "Senhor cura, como veio visitar-me na situação em que se encontra? O senhor está mais doente do que eu. Volte imediatamente para casa!" E aquele pastor abnegado respondeu: "Não se preocupe. Eu ainda não dei a minha vida por você, como o Senhor a deu por nós."[13] Exemplos inesquecíveis que tocam no mais fundo do coração!... Exemplos como aquele de São Damião que enterrou a sua vida na ilha de Molokai, perto do Havaí, a ilha mais temida do Pacífico, reduto isolado de leprosos, e dali não quis mais sair apesar da insistência dos seus superiores, à quem chegou a convencê-los: "Quem cuidará destes que parecem a escória do mundo e são, no entanto, os mais queridos por Deus?..." Foi arrepiante a emoção daqueles leprosos que o amavam como o mais querido dos pais, quando disse pela primeira vez na sua homilia na capela de Kalawao: "Nós, os leprosos..." Foi a maneira mais delicada que tinha escolhido para comunicar aos seus companheiros que tinha contraído a sua doença. A partir desse momento em que começou a sentir a lepra no seu corpo, a identificação com os seus irmãos leprosos foi completa. Morreu corroído pela infecção, mas mantendo sempre no rosto desfigurado o sorriso que plasmava o gozo do Espírito Santo. Mesmo depois de ter coberto o túmulo com terra, os leprosos não quiseram retirar-se;

---

13 Cf. F. Trochu, *El Cura de Ars*, Edit. Palabra, Madri, 1984, p. 547.

O DOM DE SABEDORIA E A UNIÃO ORGÂNICA DE TODOS OS DONS

sentados no chão, conforme um costume ancestral, que se reservava às pessoas mais amadas, batiam no peito e balançando lentamente o corpo cantavam o lamento de despedida: "Au-ee... Au-ee"... No monumento em sua homenagem construído em Molokai, estão gravadas estas palavras de Jesus:

NINGUÉM TEM MAIS AMOR DO QUE AQUELE QUE DÁ VIDA POR SEUS AMIGOS (Jo 15, 13).[14]

E é isso exatamente o que traz consigo o dom de Sabedoria: levanta o homem às alturas sublimes do Amor divino que está muito além do amor humano. Assim o confessou, agonizante, Josef, um judeu soropositivo cuidado heroicamente pela irmã Ananda e que deu o título ao famoso livro *Muito além do amor*.[15]

O dom de Sabedoria nos leva a essas alturas, porque tem como fonte e motivação um amor apaixonado. Quem está apaixonado deseja estar sempre com o seu amor e luta sempre pelo seu amor. O amor é mais forte do que a morte (cf. Ct 8, 6). A despeito de todas as contrariedades e incidentes da vida, ele poderá dizer com São Paulo: Nem a morte, nem a vida... nem o presente, nem o futuro, nem a força, nem o que há de mais alto ou mais profundo, nem qualquer criatura poderá separar-nos jamais do amor de Deus (cf. Rm 8, 38–39).

São Josemaria Escrivá levanta um pouco o véu com o qual discretamente cobriu a sua vida de intimidade com Deus, e vai deixando cair, uma após outra, algumas das pétalas dessa rosa mística que simboliza o amor apaixonado por Deus...

Transcrevemos aqui, em frases soltas, sem uma transcrição rigorosamente literal mas substancialmente exata, algumas dessas expressões que são como suspiros da

---

14   Fr. J. Farrow, *Damião, o leproso*, Edit. Quadrante, São Paulo, 1995, pp. 151, 182 e 184.

15   D. Lapierre, *Muito além do amor*, Edit. Salamandra, São Paulo, 1992, p. 361.

A FORÇA e a suavidade do Espírito Santo

alma. Começa-se com olhares, com frases de amor... as palavras se tornam pobres... e se dá passagem a uma intimidade divina... sem descanso e sem cansaço... Enquanto se realizam os trabalhos próprios da nossa condição, a alma anseia escapar-se. "Vai-se rumo a Deus, como o ferro atraído pela força do ímã... Aparece na alma um doce sobressalto..."[16]

Já não se diz, como Santa Teresa, "Vivo sem viver em mim e tão alta vida espero que morro porque não morro",[17] mas saboreia-se algo diferente: Vivo porque não vivo, porque "é Cristo que vive em mim" (cf. Gl 2, 20), é Cristo que sente com o meu coração que lateja no meu sangue...

Submete-se então facilmente à atividade do Paráclito vivificador, que se nos entrega sem o merecermos com seus dons e as suas virtudes sobrenaturais...

Nasce uma sede de Deus, uma ânsia de compreender as Suas lágrimas, de ver o Seu sorriso, o Seu rosto...

Corremos como o cervo, que anseia pelas fontes das águas (Sl 41, 2); com sede, gretada a boca, ressequida. Queremos beber nesse manancial de água viva. Sem esquisitices, mergulhamos ao longo do dia nesse veio abundante e cristalino de frescas águas que saltam até a vida eterna... (cf. Jo 4, 14). Sobram as palavras porque a língua não consegue expressar-se, começa a serenar-se o entendimento. Não se raciocina, fita-se! E a alma rompe outra vez a cantar um cântico novo, porque se sente e se sabe também fitada amorosamente por Deus, em todos os momentos...

Não me refiro a situações extraordinárias. São, podem muito bem ser, fenômenos ordinários da nossa alma: uma

---

16 Segue-se aqui em parágrafos sucessivos a sequência da belíssima homilia de São Josemaria Escrivá. Cf. "Rumo à santidade", em *Amigos de Deus*, Edit. Quadrante, São Paulo, 1979, pp. 244, 245, 254 e 253.

17 O original diz: "Vivo sin vivir en mi y tan alta vida espero que muero porque no muero".

loucura de amor que, sem espetáculo, sem extravagâncias, nos ensina a sofrer e a viver porque Deus nos concede a Sabedoria. Que serenidade, que paz então, metidos na "senda estreita que conduz à vida" (Mt 7, 14). Ascética? Mística? Tanto faz. Seja o que for, ascética ou mística, que importa? É mercê de Deus.[18]

E nesta sobreabundância de copiosas graças, o amor transborda e se comunica. Brota um ardor missionário, um zelo apostólico que se inflama e aumenta de dia para dia, comunicando necessariamente aos outros essa queimadura do amor que se leva dentro.

É assim como se reproduz o incêndio de Pentecostes que se propaga insuflado pelo vento do Espírito Santo. E é assim igualmente que se torna uma realidade incisiva a vivência dos apóstolos depois de receberem o Espírito Santo: "Não podemos deixar de falar das coisas que vimos e que ouvimos" (At 4, 20). É impressionante observar nos apóstolos a espantosa transformação feita pelo Espírito Santo. Aqueles, que pouco antes estavam aprisionados pelo medo, convertem-se em homens de uma audácia que nada lhes faz recuar. É também impressionante reparar no brilho dos olhos de algumas pessoas após ouvir uma pregação sobre o Amor de Deus, depois de uns momentos de diálogo íntimo com o Senhor, ou da participação em um grupo de oração: eles foram também, de algum modo, transformados pelo Espírito Santo. E isto pode e deve acontecer conosco!

Temos que chegar ao terreno da intimidade com Deus na nossa meditação pessoal. Algumas pessoas dizem só saber dirigir-se a Deus em profundidade, quando participam de um grupo de oração e nele cantam e louvam a Deus. A estas eu lhes diria que também na sua casa,

---

18 Aqui termina a sequência desta meditação de São Josemaria Escrivá, "Rumo à santidade", loc. cit.

A FORÇA e a suavidade do Espírito Santo

na sua moradia interior — podem reunir-se com um maravilhoso grupo de oração: o Pai, o Filho e o Espírito Santo, os Doces Hóspedes da alma! E, lá no fundo da alma, louvar ao Senhor, conversar e dizer coisas cheias de ternura e tocar, com as cordas mais entranháveis do coração, uma música composta à semelhança de um apaixonado poema de amor...

É este clima, dizemos repetidas vezes, o clima do Espírito Santo. E é então quando se reproduz um novo Pentecostes. É então quando o desejo de comunicar os nossos sentimentos é tão forte que se converte numa ação evangelizadora vibrante, contagiosa, contínua e eficaz. É então quando cobram novo sentido as palavras de João Paulo II: *Duc in altum!*, guia ao mar alto, a águas mais profundas, conduz a barca da tua vida a horizontes mais largos... Palavras da sua carta programática para o novo milênio que deveriam ser como o estribilho da nossa ação apostólica... *Duc in altum*, guia o navio das tuas atividades a uma alta e profunda missão evangelizadora, entrando audazmente, como os apóstolos depois de Pentecostes, em todos os ambientes que te rodeiam.

CAPÍTULO VII

OS DONS EXTRAORDINÁRIOS

Ao lado dos dons ordinários do Espírito Santo, aos que acabamos de nos referir, existem os fenômenos extraordinários que não formam parte do normal desenvolvimento do organismo sobrenatural da vida cristã. São, por assim dizer, epifenômenos da vida espiritual, algo desnecessário que seria ousado pedir ou desejar.

Deus, contudo, quer concedê-los, de acordo com os Seus sapientíssimos desígnios, para o benefício das almas, para a edificação da Igreja ou para fortificar a nossa fé como sinal do caráter divino do cristianismo.

Pareceu-nos conveniente tratar deles, ainda que brevemente, tanto para que essa matéria tão delicada ganhe um devido esclarecimento, como também para que os fiéis cristãos tenham uma noção da sua existência e um certo critério de discernimento.

Como base fundamental sobre a sua existência e enumeração, teremos que partir das palavras do grande apóstolo, na sua primeira epístola aos fiéis de Corinto:

> Há diversos dons, mas um só é o Espírito (...). A cada um é dada a manifestação do Espírito para proveito comum. A um é dada pelo Espírito uma palavra de sabedoria; a outro, uma palavra de ciência, por esse mesmo Espírito; a outro, a fé pelo mesmo Espírito; a outro, a graça de curar as doenças, no mesmo Espírito; a outro, o dom de milagres; a outro, a profecia; a outro, o discernimento dos espíritos; a outro, a variedade de línguas; a

A FORÇA e a suavidade do Espírito Santo

outro, por fim, a interpretação de línguas. Mas é o mesmo Espírito que distribui todos estes dons, repartindo-os a cada um como lhe apraz (1 Cor 12, 4–11).

Esta enumeração feita por São Paulo não é nem única nem exaustiva. Há outros muitos carismas que também existiram na história da Igreja e têm uma presença viva na atualidade. Não se pode pensar que estes fenômenos extraordinários são fatos de um passado distante que, com o decorrer dos anos, foram adquirindo dimensões fantásticas e irreais. Também não se deve julgar que o seu caráter excepcional se deve a avaliações populares ou inconsistentes, norteadas mais pela beatice e o fanatismo do que por provas de valor científico.

A realidade experimental constata, contudo, a sua veracidade. A Igreja exige, por exemplo, para a canonização de um santo, dois milagres verificados com o maior rigor científico, dentro de um longo processo de investigação. E nas últimas décadas tem sido canonizados um grande número de pessoas. A Igreja, numa longa pesquisa jornalística, feita por uma revista alheia ao catolicismo,[1] foi considerada no ano 1999 uma das instituições mais confiáveis do mundo. Ora, ela para declarar a autenticidade de uma vida santa, não poderia nunca fundamentar-se em fatos forjados, inventados, como seria o caso dos milagres falsos. Os arquivos da Congregação para a Causa dos Santos, que recolhem todos os processos científicos provando a veracidade desses milagres, estão à disposição de quem quiser investigá-los.

Desejaríamos mostrar sucintamente, só a título de exemplo, alguns destes fatos extraordinários acontecidos no século XX.

---

1   Revista *Época*, Rio de Janeiro, 24 de maio de 1999.

Dom de profecia

Comecemos referindo-nos ao dom de Profecia. São Pio X, vários anos antes dos acontecimentos, parecia ver de forma muito clara e viva o desenrolar da Primeira Guerra Mundial que ele chamava de "guerrone" (a "guerrona"). Anota Girolamo Dal-Gal. na biografia oficial feita para a sua canonização, que já em 1911 o Papa dizia com insistência: "Não me refiro a esta guerra (a expedição militar italiana à Síria); isto não é nada comparado com o 'guerrone' que virá." "E cada vez que abordava este tema" — afirmava o cardeal Merry del Val, o seu secretário de Estado — "parecia que via e tocava com a mão o que dizia". E se o cardeal lhe fazia ver que não parecia que houvesse uma guerra à vista, e que, em todo caso, se poderia diferir por longo tempo e talvez até pudesse ser evitada, o santo ancião, levantando com gravidade a mão, replicava: "Eminência, não passaremos de 1914."[2] E assim foi.

Na vida de São Josemaria Escrivá, canonizado em 6 de outubro de 2002, há muitos fatos extraordinários. Lembro-me agora, dentre vários, um deles que me impressionou de modo especial, porque precisamente envolve a pessoa do Pe. Pedro Casciaro com quem tive um relacionamento pessoal e um trato confidencial: um alto funcionário do governo espanhol, Jorge Bermudez, por motivos absolutamente infundados, fez uma acusação falsa, de caráter político, ao Pe. Pedro — ainda não era sacerdote — que naquela época conturbada da Guerra Civil Espanhola, em 1938, poderia ter-lhe custado a vida. Pois bem, Monsenhor Escrivá, para defender causa tão justa, foi fazer uma visita a este funcionário, acompanhado do professor José Maria Alvareda. Argumentou, com extrema energia, que tal acusação era absolutamente injusta. O senhor

---

2   G. Dai-Gal, *Pio X, El Papa Santo*, Edit. Palabra, Madri, 1985, p. 31.

A FORÇA e a suavidade do Espírito Santo

Bermudez ficou irredutível. São Josemaria Escrivá acrescentou, com grande fortaleza, que Deus podia pedir-lhe conta naquele mesmo dia do que pretendia fazer. Mas essa séria advertência não conseguiu mudar a atitude obstinada daquele homem.

Monsenhor Escrivá ficou silencioso e triste e, ao descer as escadas do edifício, com os olhos semifechados, disse: "Amanhã ou depois de amanhã, enterro." Foram as palavras que escutou José Maria Alvareda.

Pouco depois, o professor Alvareda contou este episódio a outra pessoa conhecida que ficou impressionada com aquela frase: "Amanhã ou depois de amanhã, enterro." Mas o seu assombro foi maior ainda, quando aquele mesmo dia ele soube que o sr. Bermudez tinha falecido repentinamente.[3]

Deus talvez quis proteger a vida daquele que depois viria a ser um santo sacerdote — hoje na Casa do Pai — e fazer sentir a Monsenhor Escrivá, de uma forma viva e extraordinária, a presença do amparo amoroso do Senhor ao seu lado, assim como representar um sinal dessa proteção a futuras gerações. São Josemaría rezou por aquele pobre senhor e repetidas vezes disse ao Pe. Pedro que ficasse tranquilo, porque estava moralmente seguro de que Deus Nosso Senhor se tinha compadecido dele e lhe tinha concedido o arrependimento final.[4]

Soube destes fatos por testemunhas que acompanharam o acontecimento de perto, e depois os encontrei relatados com a mesma exatidão nos "Artigos do postulador" da sua causa de canonização e em algumas biografias escritas sobre sua insigne figura.[5]

---

3 Cf. *Postulación de la causa de beatificación y canonización del siervo de Dios Josemaría Escrivá de Balaguer*, Roma, 1979, pp. 387–388.

4 Ibidem.

5 Cf. A. Vazquez de Prada, *O fundador do Opus Dei*, Edit. Quadrante, São Paulo, 1989, pp. 224–225.

Parece conveniente esclarecer que, como nos ensina a teologia, as verdadeiras profecias e também estas que acabamos de narrar, por referirem-se a acontecimentos futuros absolutamente contingentes que escapam completamente a toda previsão humana, é impossível que tenham uma causa puramente natural. Só podem dar-se por uma revelação divina. Os chamados "adivinhos", sem a ajuda de Deus, nada poderiam adivinhar do que ainda não existe, quando as circunstâncias do presente de forma alguma permitiriam esboçar qualquer indício ou conjectura. São Tomás chega a dizer que o demônio não pode ser causa de uma profecia propriamente dita, porque o conhecimento dos futuros contingentes ultrapassa as forças do entendimento angélico, sendo próprio e exclusivo de Deus.[6]

Dom de cura

Ao lado do dom de Profecia só poderemos mencionar, pela sua importância, o dom de Cura. A falta de espaço nos impedirá apreciar os outros dons.

Referirei apenas um episódio do Pe. Pio, porque a sua personalidade carismática marcou a vida de muitas pessoas ainda vivas.

Yves Chiron, na sua biografia sobre o Santo Pe. Pio, canonizado em 2002, conta que uma criança de Alençon, na Normandia, França, doente de meningite cérebro-espinhal, estava desenganada pelos médicos. O especialista do hospital, onde estava internada, tinha advertido a mãe que o seu filho Daniel B... faleceria provavelmente naquela noite.

---

6   Cf. São Tomás, *Summa Theologica*, II^aII^ae, 171–174. V. A. Royo Marín, *Teología de la Perfección Cristiana*, op. cit., p. 894.

A FORÇA e a suavidade do Espírito Santo

A pobre mãe, desolada, confia a sua pena às vizinhas que tiveram uma ideia luminosa: enviar um telegrama ao Pe. Pio, para que intercedesse pela sua cura. Era o 29 de janeiro de 1957. O telegrama foi enviado às treze e trinta, carregado de esperanças e de orações. Às quinze horas, a senhora B... estava no hospital. Daniel tinha 41° de febre. Debatia-se no meio de convulsões. A freira de serviço suplicou à mãe que fosse embora, querendo poupar-lhe assim a pena de ver morrer o seu filho. Mas ela ficou... Às catorze horas, a febre baixou para 37°. Produziu-se no menino uma notável melhoria. Pouco depois estava curado. Ficou calmamente dormindo. A mensagem chegou ao seu destinatário e a oração do Padre Pio conseguiu a saúde da criança moribunda.

No dia seguinte de manhã, o médico que se ocupava do menino, ao ver a mãe de Daniel, exclama: "Não entendo nada: o seu filho não só está fora de perigo, mas também completamente curado!..." Emocionada, com imensa alegria, a senhora B... foi comunicar às amigas vizinhas a grande notícia. Elas lhe deram a ler uma biografia do santo religioso. O livro tinha uma fotografia dele na capa. A sra. B... levou o livro para o seu filho. E olhando para a capa a criança, surpreendida, comentou: "Escuta, mamãe, eu conheço este padre. Veio ver-me duas vezes esta manhã... Começou a cantar, para que não me assustasse. E logo foi-se embora."

A mãe dele respondeu com rapidez: "Como queres, filhinho, que um padre que mora a muitos quilômetros daqui tenha vindo visitar-te?"

Mas, diante da insistência do filho afirmando o fato, a mãe viu-se obrigada a reconhecer a sua realidade. Ignorava que o Padre Pio tinha o dom inexplicável da bilocação. E para curar o seu pequeno moribundo, ele tinha efetuado uma viagem de dois mil quilômetros à velocidade do pensamento...

Daniel ficou completamente curado. Os pais, que não eram casados, receberam o sacramento do matrimônio. E Daniel, com frequência, repetia para sua mãe: "Mamãe, quando for grande eu serei sacerdote."[7]

Compreendemos que alguns possam julgar que estas histórias, como tantas outras semelhantes, sejam meras fábulas forjadas por mentalidades desequilibradas. No entanto, estes fatos têm o aval de provas históricas e clínica insofismáveis: o que elas verificam não é apenas uma cura, mas o incrível poder da fé!

Não podemos cair na "crendice", mas ao mesmo tempo não podemos duvidar da existência dos milagres. Muitos alegam que hoje já não há milagres. Mas nós poderíamos dizer que, se faltam hoje milagres, é porque faltam homens de fé.

Nós mesmos faríamos esses milagres, se tivéssemos fé. O poder de Deus não diminuiu. É o mesmo; o mesmo que dividiu em duas partes as águas do Mar Vermelho; o mesmo que acalmou a tempestade e multiplicou os pães; o mesmo que ressuscitou instantaneamente Lázaro.[8]

Nós temos que viver da fé. Arrancar esses favores de Deus com a força da nossa oração. André Frossard, um comunista francês, convertido subitamente de uma forma prodigiosa ao ver a extraordinária beleza de Deus no Santíssimo Sacramento, dizia que a força de Deus não é o seu poder, mas a sua ternura:[9] ela derruba qualquer resistência humana. Nós, entretanto, poderíamos acrescentar, paralelamente, que a força da nossa oração é a fraqueza de Deus: o Senhor deixa-se vencer sempre por uma oração humilde e confiante. Tertuliano, o grande

---

7   Cf. Y. Chiron, *El Padre Pio*, Palabra, Madri, 1999, pp. 268–270.

8   Cf. São Josemaría Escrivá, *Caminho*, 13ª edição, Quadrante, São Paulo, 2022, n. 583.

9   Cf. A. Frossard, *Deus em questões*, Quadrante, São Paulo, 1991, p. 61.

A FORÇA e a suavidade do Espírito Santo

teólogo dos primórdios do cristianismo, o diz da maneira mais sintética possível: "Só a oração vence a Deus."[10]

Acreditemos: a força da intercessão é a debilidade de Deus. E o nosso Advogado perante o Pai é o Espírito Santo.

Sobre este tema tão delicado, devemos levar em conta as ponderações daquele pensamento de *Caminho*, que é também o nosso: "Não sou 'milagreiro'! — Já te disse que me sobram milagres no Evangelho para firmar fortemente a minha fé."[11] Porém, levando em consideração um certo ceticismo burlão que paira no ambiente, será procedente acrescentar a última parte desse ponto de *Caminho*: "Mas dão-me pena esses cristãos — até piedosos, 'apostólicos'! — que sorriem quando ouvem falar de caminhos extraordinários, de fatos sobrenaturais. Sinto desejos de lhes dizer: — Sim, agora também há milagres; nós próprios os faríamos se tivéssemos fé."[12]

Ao falar dos dons sobrenaturais que, sem dúvida existem e são muito fortes, devemos compreender que eles são extraordinários — fora do ordinário —, e por esta razão não devemos desejá-los em benefício pessoal, a não ser que sejam convenientes para o bem comum. Temos que valorizar, nesse sentido, o exercício ordinário das virtudes: a paciência para superar as dificuldades, a oração perseverante, solícita e atenta, que se esforça para evitar as distrações e tantas outras virtudes. Temos que desapegar-nos de fervores excessivamente sensíveis que podem enganar-nos ou levar-nos a pensar que os afetos que fazem derramar lágrimas agradam mais a Deus do que a fidelidade no cumprimento devotado dos deveres diários.

Afirmar, sem fundamentos consistentes, que um sentimento especialmente intenso de fervor, uma cura

---

10   Tertuliano, *Tratado sobre a oração*, caps. 28–29: CCL I, 273–274.

11   São Josemaria Escrivá, *Caminho*, loc. cit.

12   Ibidem.

OS DONS EXTRAORDINÁRIOS

aparente — que provavelmente se deve a razões de ordem natural — são um dom do Espírito Santo, significaria algo absolutamente pretensioso. Atribuir ao Espírito Santo o que é simplesmente fruto de um entusiasmo, de um temperamento emocional, de uma capacidade de persuasão ou de sugestão humana, é algo que pode levar a confusões muito desagradáveis. Talvez por querer mostrar qualidades espirituais incomuns, ou por uma inconsciente vaidade, identificar uma moção divina com uma ação humana é algo realmente grave. Ainda mais: nivelar o natural com o sobrenatural pode levar a desacreditar na existência e no valor dos dons realmente sobrenaturais. Quando a qualquer melhora, talvez puramente emocional, se denomina cura, quando a qualquer balbucio, ou suspiro verborreico se lhe adjudica a qualidade de dom de línguas, quando a qualquer fenômeno incomum se lhe confere o título de aparição ou revelação, quando a qualquer estado psicológico, fraqueza mental ou autossugestão se lhe concede o nome de repouso no espírito, é lógico que o verdadeiro dom de línguas, as aparições, êxtases, revelações, ou outros fenômenos místicos autênticos fiquem absolutamente desmoralizados ou possam parecer pura fantasia ou manifestações histéricas. Para assuntos tão delicados, é necessário uma grande transparência, sinceridade e espírito de discernimento.

Respeitemos, com um santo temor, as extraordinárias e realmente existentes manifestações do Espírito. Aceitemos, como vindas de Deus, essas autênticas renovações espirituais que são como um novo Pentecostes, mas não atribuamos facilmente um caráter sobrenatural a certas manifestações espirituais antes que elas sejam devidamente comprovadas e, se necessário, ratificadas pelas autoridades competentes.

A FORÇA e a suavidade do Espírito Santo

O mesmo Espírito atua hoje em nós

Pela relevância que a matéria tem, continuaremos agora a referir-nos à ação do Espírito Santo em relação à cura das nossas doenças físicas e espirituais. Esta atividade restauradora da Terceira Pessoa da Santíssima Trindade faz parte da promessa que fez Jesus antes da Sua glorificação. Em tom solene, em pé no meio do Templo de Jerusalém, o Senhor clamou em voz alta: "Se alguém tiver sede, venha a mim e beba. Quem crê em mim, como diz a Escritura: do seu interior manarão rios de água viva (Zc 14, 8; Is 58, 11). Dizia isto, referindo-se ao Espírito que haviam de receber os que cressem nele; pois ainda não fora dado o Espírito, porque Jesus ainda não tinha sido glorificado" (Jo 7, 37–40).

Esta proclamação solene e pública cumpriu-se plenamente em Pentecostes: lá é que se deu a completa efusão do Espírito Santo aos homens. Com ela, de forma exuberante, derramaram-se os dons do Espírito Santo e as suas consolações. Também assim o tinha prometido o Senhor: "Descerá sobre vós o Espírito Santo e vos dará força, e sereis minhas testemunhas em Jerusalém, em toda a Judeia, na Samaria e até aos confins do mundo" (At 1, 8). A partir desse momento, a força e a suavidade do Espírito Santo nunca deixaram de estar presentes na história da Igreja. A sua multiforme e operosa ação plasmou-se no texto da sequência da segunda leitura da missa solene de Pentecostes: "Vinde Espírito Santo, consolo que acalma, doce hóspede da alma no labor, descanso na aflição, remanso no calor, aragem ao sujo lavai ao seco regai curai o doente..."

O Espírito Santo ungiu a Jesus Cristo para que, através d'Ele, se transmitissem a nós os benefícios de que fala esta sequência. Com efeito, Jesus atribuiu para si a passagem de Isaías citada por São Lucas: "O Espírito do

OS DONS EXTRAORDINÁRIOS

Senhor sempre está sobre mim, porque me ungiu para evangelizar os pobres, enviou-me para curar os contritos de coração, a anunciar aos cativos a redenção, aos cegos a recuperação da vista, para pôr em liberdade os oprimidos..." (Lc 4, 18–19).

O mesmo Espírito que agia no Senhor deverá hoje agir em nós, tomando reais as palavras de Jesus:

> Ide pelo mundo inteiro e anunciem a boa notícia para toda a humanidade (...). Os sinais que acompanharão aqueles que acreditarem são estes: expulsarão demônios em meu nome, falarão novas línguas; se pegarem cobras ou beberem algum veneno, não sofreram nenhum mal; quando colocarem as mãos sobre os doentes, estes ficarão curados (...). O Senhor os ajudava e, por meio dos sinais que os acompanhavam, provava que o ensinamento deles era verdadeiro" (cf. Mc 16, 15–20).

Por esta razão, seguindo a ordem do Senhor e desejando transmitir os sinais que acompanhavam os apóstolos, devemos colocar-nos diante de Jesus para dizer-Lhe: "Senhor, eu sou um pobre homem, aprisionado pelos meus pecados, defeitos e limitações, cego até o ponto de não enxergar as verdades da fé e tão oprimido que estou precisando quebrar as algemas dos meus condicionalismos. Jesus, eu Te peço que envies o Teu Espírito para que Ele entre no meu coração e toque, com os recursos da Sua inigualável medicina, as minhas chagas de leproso, que me sare das minhas depressões, dos meus medos, preocupações e ansiedades; que me limpe de tudo aquilo que exerce em mim uma influência negativa; que me liberte de todas as ataduras do meu passado — dos traumas, ressentimentos e complexos — e de todas as apreensões e medos a respeito do futuro e me cure as feridas das frustrações, fracassos e rejeições... Tu nos disseste que

A FORÇA e a suavidade do Espírito Santo

o Espírito do Senhor foi derramado em Ti para libertar os cativos. Aqui estou eu, diante de Ti, agrilhoado pelas minhas doenças, pelas minhas aflições, pelos meus defeitos e pecados. Eu me entrego totalmente a Ti e peço que restaures a integridade da minha vida e me outorgues a paz e a alegria própria dos que seguem as Tuas inspirações. E uma vez restaurado, peço-Te, Senhor, que eu seja o Teu instrumento para que as minhas mãos sejam capazes de curar os doentes que passam ao meu lado pelos caminhos da vida. Obrigado, Senhor, porque sei que a minha súplica está sendo acolhida pela Tua benignidade e que me enviarás o Divino Consolador."

O Senhor, ao ouvir essa nossa prece, não deixará de enviar-nos esse Divino Consolador para curar-nos das nossas enfermidades e para curar também os nossos companheiros de caminhada.

Reparemos que, antes de sarar uma doença, é preciso diagnosticá-la, não visualizando apenas os efeitos superficiais, mas as suas causas mais profundas. Para conseguir um diagnóstico mais exato, ouvimos falar de novos métodos como a endoscopia e o cateterismo: introduz-se pela traqueia ou pelas veias ou artérias uma sonda ou um cateter com uma microcâmera na sua extremidade: ela vai filmando as irregularidades do estômago, do intestino ou das artérias e revelando ao médico imagens muito parecidas às que apresentaria um exame feito a olho nu. De igual maneira, poderíamos introduzir-nos no mais profundo da nossa intimidade para descobrir, com a câmera luminosa e penetrante do Espírito Santo, a realidade do nosso ser e solicitar depois a Ele o remédio oportuno.

Sim, poderíamos tentar agora internar-nos com o cateter do Espírito Santo no mais profundo do nosso ser, nas cavernas da nossa memória, nas camadas mais entranhadas do nosso coração, nos abismos do nosso subconsciente, para que o remédio divino venha a nos tocar, como as mãos de Jesus ao cego ou ao leproso, operando no mais recôndito da nossa alma, no último vaso sanguíneo do nosso organismo espiritual, essa cura salvífica da qual tanto precisamos.

Procuremos, a partir deste momento, orientar as nossas reflexões — a nossa endoscopia — na direção desses três estados de ânimo que com frequência nos afligem: a depressão, o medo e a ansiedade.

A cura da depressão

O dr. Carlos Cardona, acadêmico da Real Academia de Medicina de Valência (Espanha), especialista na matéria, nos diz que a depressão, segundo a opinião generalizada dos psiquiatras, foi a enfermidade por antonomásia do século XX. "Com certeza", comenta,

> no século XXI esse quadro há de continuar o mesmo, se levamos em consideração que permanecem as causas que o provocam: isto é, a insegurança familiar causada pelas rupturas conjugais que abalam tanto os esposos quanto os filhos, a insegurança econômica e social e especialmente a falta de suporte psicológico criado pela perda dos valores que dão sentido à vida. Com efeito, grande número de transtornos psíquicos deriva da repressão dos valores do espírito. Chesterton já o dizia: o natural, sem o sobrenatural, se desnaturaliza.[13]

Esta realidade podemos observar no nosso meio. Com não rara incidência, encontramos ao nosso lado pessoas deprimidas. Dá a impressão de que esta situação anímica

---

13 Cf. entrevista do dr. Carlos Cardona publicada em *Mundo Cristiano*, junho de 2001 e recolhida em *Interprensa*, agosto de 2001.

A FORÇA e a suavidade do Espírito Santo

vai-se dilatando à medida que nos vamos adentrando no terceiro milênio. Ela, contudo, não é moderna. Acompanha o homem desde sempre. Bem é certo que a ausência de Deus, como fenômeno social do nosso tempo, tem sido indubitavelmente um fator multiplicador desse mal, mas ela sempre esteve no íntimo do ser humano. Basta apenas recordar aquelas palavras do salmo, escritas bem antes da era cristã: "Porque te deprimes, minh'alma, e te inquietas dentro de mim?" (Sl 42, 5).

A depressão, como estado emocional de abatimento e de tristeza perante a vida, pode ter diferentes manifestações: o sentimento de abandono, de pessimismo, a perda da autoestima, a falta de interesse pela vida, pelo estudo, pelo trabalho, pela convivência social, pela família... Tudo parece difícil, desmotivante, custoso, desanimador...

Bem sabemos que a depressão pode ter um fundo biológico, que exige um tratamento médico adequado; também sabemos que atuam outros fatores humanos como as experiências negativas do passado — a falta de carinho dos pais ou a sua separação, os traumas, as decepções e os fracassos... — as perdas que parecem irrecuperáveis — a morte de um ente querido, a frustração de uma relação amorosa, o desemprego... — as situações aflitivas do cotidiano: conflitos afetivos, crises conjugais, fracassos profissionais, desentendimento com os filhos, sentimentos de solidão, doenças, cansaço e *stress*..., mas sejam quais forem as causas da depressão, o importante é descobrir de que maneira o nosso relacionamento com o Espírito Santo nos pode tirar dessa situação de abatimento. É necessário estarmos convictos de que, pondo no Senhor os nossos cuidados, Ele nos sustentará (cf. Sl 54, 23). Ao mesmo tempo é preciso encontrar os caminhos através dos quais a intimidade com o Divino Consolador pode vir a tornar-se um remédio para as nossas tribulações. Bem podemos fazer oração com a

OS DONS EXTRAORDINÁRIOS

letra daquela música: "Cura-me, Senhor, com o teu Espírito e minha alma reviverá."

A fim de compreender melhor o nosso estado, seria útil levar à nossa consideração a depressão em que se encontraram alguns personagens bíblicos. Assim poderíamos aprender com elas a superar as nossas próprias depressões. É notória a depressão de Moisés que chegou a desejar a morte. Ele clamava: "Eu sozinho não posso sustentar todo este povo; ele é pesado demais para mim. Em lugar de tratar-me assim, Senhor, rogo-vos que antes me tireis a vida" (Nm 11, 14–15). Jó é a imagem viva da depressão. Depois de perder tudo o que tinha — os bens materiais e a sua querida família — só desejava a morte. E murmurava: "Por que não morri no seio materno, por que não pereci saindo das suas entranhas?" (Jó 3, 11). Elias — como tantos outros — também rogou a Deus: "Basta, Senhor; tira-me a vida" (1 Rs 19, 4). Mas eles souberam acudir a Deus e Ele os reconfortou, como a Moisés por meio de prodigiosos sinais, como a Jó restituindo e multiplicando aquilo que perdeu, como a Elias alimentando-o com aquele pão que lhe deu vigor para caminhar quarenta dias e quarenta noites, até o Monte Horeb (cf. 1 Rs 19, 8).

Contudo, a figura onde a depressão chega ao seu limite máximo foi Jesus em Getsêmani: "A minha alma está experimentando uma tristeza mortal" (cf. Mt 26, 38). E foi o próprio Jesus que nos deu o meio para sair de qualquer depressão: orar; orar como Ele orou; orar *prolixius*, com intensidade renovada (cf. Mc 14, 39). Foi por causa dessa reiterada intensidade, que um anjo veio confortá-Lo e encontrou forças para enfrentar os seus perseguidores e os sofrimentos da Paixão.

A solução espiritual para as nossas depressões segue essa mesma linha. Uma linha que se orienta em duas direções complementares. A primeira nos convida a esquecemos de nós mesmos, a não reconcentrar-nos negativamente sobre

A FORÇA e a suavidade do Espírito Santo

os nossos problemas, lembrando-nos de que muitos já sofreram maiores aflições que nós; de que o próprio Cristo transpirou sangue no Horto das Oliveiras por causa do seu abatimento... A segunda — solicitando nesse sentido a ajuda do Espírito Santo — nos inclina a abandonar-nos em Deus, com uma atitude de absoluta confiança. O Advogado Divino leva-nos a recordar aquelas palavras do Senhor: Vinde a mim todos os que estais angustiados e sobrecarregados e encontrareis alívio (cf. Mt 11, 28). Incita-nos a alimentar a certeza de que Ele será nosso sustento e alívio, porque Ele tomou sobre si nossas enfermidades, e carregou com os nossos sofrimentos (Is 53, 4a) e por suas chagas nós fomos curados (Is 53, 5).

A depressão tende a crescer quando ficamos reconcentrados sobre ela, e vai regredindo à medida que nos abandonamos por meio da oração no seio repousante do Doador de todos os dons. Nela chegamos a embeber-nos da profunda convicção de que o Senhor é a nossa luz e a nossa salvação; e que não devemos temer coisa alguma (cf. Sl 26, 1). Daí emana uma paz profunda que, pouco a pouco, vai permeando o mais íntimo da nossa alma, libertando-nos de todas as tristezas e desânimos.

Não podemos esquecer-nos nunca de que a Terceira Pessoa da Santíssima Trindade é o Doce Hóspede da alma. Ele não quer morar em nós rodeado de intranquilidade, desânimos e depressões. Ele ama a serenidade e a paz. Francisca Javiera del Valle, que teve um conhecimento experimental da inabitação do Paráclito na sua alma, nos diz que: "A alma sem paz está como que incapacitada para ouvir a voz de Deus e seguir o seu chamado." "O Espírito Santo não habita onde não há paz..."[14]

Como Ele deseja ardentemente fazer de nós o Seu templo, ao sentir em nós os primeiros sintomas de depressão

---

14   Francisca Javiera del Valle, op. cit., 68.

OS DONS EXTRAORDINÁRIOS

ou de angústia, se o invocamos com fé, imediatamente
acode para dar-nos a serenidade necessária, indispensável
para criar o Seu *habitat* costumeiro.

Quando o Senhor entrava numa casa, dizia sempre:
"A paz esteja convosco" (Lc 24, 36), de igual forma no
rito da comunhão dos doentes, quando o ministro entra
num lar diz: *Pax huic domui*, "a paz esteja nesta casa", e é
isto o que faz o Divino Consolador: para vir a morar no
nosso interior, antes de mais nada, deseja a paz na nossa
casa que é o Seu mais querido templo.

A paz, diz Santo Agostinho, "é a tranquilidade na
ordem". Não há paz na desordem. Quando a mãe se au-
senta por algum tempo do lar, ao voltar, habitualmente
o encontra bagunçado pelos filhos e talvez pelo marido.
O primeiro que faz é "botar a casa em ordem", porque
ela sabe até que grau cresce a irritação no meio da desordem. E é isto precisamente o que faz o Dispensador
de todos os dons: vai colocando as coisas no seu lugar:
o passado como passado, sem permitir que os ressentimentos, complexos e recalques tumultuem e deprimam;
o futuro como futuro, infundindo a Sua graça para que
as apreensões agourentas não toldem o céu da alma em
cada momento, e o presente como presente, ensinando
a viver a vida como ela é, dia a dia, sem angústias nem
perturbações a respeito de um futuro que não sabemos
como será, e de um passado que, em vez de ser um fardo,
tem que ser experiência, incentivo e trampolim...

É por isso que com frequência devemos dialogar con-
fidencialmente com o nosso Doce Hóspede da alma para
dizer-Lhe palavras semelhantes a estas: "Amável companheiro da minha habitação espiritual, sê para mim nos
meus problemas o descanso, na minha depressão remanso,
alívio sempre na minha doença..."

Eu garanto que agindo assim não perderão a
paz ou a recuperarão, se a tiverem perdido. Digo isto

141

A FORÇA e a suavidade do Espírito Santo

fundamentado na minha própria vivência e na de tantos outros que assim procedem. Venho convidar a todos a fazerem idêntica experiência: que decididamente se esqueçam de si mesmos, que invoquem o Consolador, que se deixem guiar pelas Suas inspirações e repousem no Seu seio como confiadamente se lança a criança no regaço da sua mãe. E eu o asseguro com certeza: o ânimo e a tranquilidade chegarão *sicut fluvium pacis*, como um grande rio de paz (Is 66, 12).

A cura do medo

Todos sentimos medo: o soldado mais corajoso sente medo ao pular a trincheira em direção ao fogo inimigo. O valente não é aquele que não tem medo, mas aquele que o supera. Nós sentimos medo de muitas coisas. Medo da solidão, do futuro, do fracasso, da doença, do abandono, do sofrimento, da morte... Quem consegue superar o medo torna-se um ser superior.

Jesus, no Horto das Oliveiras, ficou apavorado diante do sofrimento e da morte, e soube superar esse pavor com a oração. Por isso veio a converter-se num paradigma de coragem. Com a oração nós também poderemos um dia dizer: "Aquele que confia no Senhor nada receia, nem se atemoriza, pois o Senhor é a sua esperança" (cf. Eclo 34, 16).

A oração feita por meio do Espírito Santo nos afasta dessa espécie de hipnotismo negativo que exerce em nós o perigo. Por causa dessa estranha atração, desse medo que polariza toda a nossa atenção, terminamos caindo no perigo que tanto nos atemoriza, como aquele que, dominado pela síndrome da vertigem, corre maior risco de precipitar-se no abismo que obsessivamente quer evitar. Por isso, são extremamente sábias aquelas palavras

OS DONS EXTRAORDINÁRIOS

de Jó que nos dizem: "Todos meus temores terminam se realizando e aquilo que me dá medo acaba por atingir-me" (Jó 3, 25). É como se o medo imobilizasse toda a nossa capacidade de resistência e nós nos deixássemos aprisionar pelas suas garras: é a força do seu nefasto magnetismo.

Não podemos deixar-nos hipnotizar dessa maneira: é preciso pedir ao Espírito Santo que nos incline a lançar o nosso olhar em outra direção, a deixar-nos fitar pelas pupilas amabilíssimas do Senhor para permitir que Ele nos transmita a Sua paz, a Sua segurança, o Seu destemor... Abrir os nossos ouvidos na oração para escutar o Seu chamado como aquele que dirigiu a Pedro para que, sem medo, saltasse do barco no meio de um mar encapelado: "Vem" (Mt 14, 29), não tenhas medo. Pedro, ao sair da barca, conseguiu caminhar pelas águas até que reparou mais na violência do vento e das ondas do que na palavra de Jesus: aí começou a se afundar. Enquanto fixava o seu olhar em Jesus, se manteve firme em cima das ondas, mas ao desviar a sua atenção do Senhor e reparar no perigo, Pedro sentiu que estava se afogando. Imediatamente gritou: "Salva-me, Senhor! No mesmo instante, Jesus estendeu-lhe a mão" (Mt 14, 30–31). E ele foi salvo.

Se, quando nos sentimos ameaçados, clamarmos ao Senhor, Ele sempre estenderá a Sua mão para nos socorrer. É necessário clamar, fazer oração. É aí que o mar das dificuldades se tornará firme. Quando a oração falha, é que falha a fé. E quando falha a fé é que nós afundamos. Por esta razão foi que Jesus disse a Pedro: "Homem de pouca fé, por que duvidaste?" (Mt 14, 31).

Porém nós somos fracos até para solicitar ajuda; às vezes até nos falta força para estender as mãos e pedir socorro, e então diz-nos São Paulo: "O Espírito vem em auxílio à nossa fraqueza, porque não sabemos o que devemos pedir, nem orar como convém, mas o Espírito mesmo intercede por nós com gemidos inefáveis" (Rm 8, 26).

A FORÇA e a suavidade do Espírito Santo

Talvez Ele, vendo a nossa pouca fé, como a de Pedro, nos inspire a clamar: "Senhor, aumenta-nos a fé" (cf. Lc 17, 5), clamar insistindo até conseguir essa fé que aproxima de nós a força de Deus e afasta o medo. A fé faz com que Ele nos segure com a Sua mão; o medo leva-nos a reparar apenas no perigo e na nossa incapacidade. Essa fixação obsessiva, esse hipnotismo maligno de que falávamos antes, essa tensão nervosa que bloqueia qualquer reação é a que termina afundando-nos. E essa situação é provocada pela falta de fé. Como poderemos viver seguros se a nossa vida, em vez de estar nas mãos de Deus, está nas mãos de um destino cego, de uma fatalidade aleatória?

Faz algum tempo, um amigo contava-me que fez uma viagem de avião do Rio a São Paulo com um conhecido político, notável pelo seu desassombro revolucionário nos comícios, um verdadeiro agitador de massas. No meio da viagem, o avião começou a balançar. O meu amigo observou a palidez no rosto do seu companheiro de poltrona. Em poucos minutos, o avião penetrou numa fortíssima turbulência atmosférica e o político entrou em pânico. Com os olhos esbugalhados, perguntou ao meu amigo: "Mas você não tem medo? Eu estou simplesmente apavorado." Este respondeu: "Pois eu estou absolutamente tranquilo. Confessei-me esta semana. Tenho o 'passaporte' pronto para a outra 'viagem'. Eu sou coerente com a minha fé. E estou nas mãos de Deus."

Mal terminou a tempestade, estabeleceu-se entre os dois um diálogo amistoso. Ambos concordaram que não pode haver uma segurança profunda, se não houver tranquilidade de consciência, se não se estiver em amizade com Deus.

Como os apóstolos no Mar de Tiberíades, podemos, sem nos precaver, entrar no meio de uma turbulência qualquer — um perigo, uma doença, a previsão de um futuro apavorante... — perdendo a coragem e o equilíbrio.

OS DONS EXTRAORDINÁRIOS

Poderíamos formular esta equação: falta de fé + ausência de oração = medo; oração + fé = coragem. Esta é a equação salvadora! A confiança em Deus, através da intervenção do Espírito Santo, terminará empapando a nossa alma da paz que dimana daquelas palavras do Senhor: "Não tenhais medo dos que matam o corpo... Nem um passarinho cai sem a permissão do vosso Pai... Não temais, pois vós valeis mais que muitos pássaros" (cf. Mt 10, 28–31). A fé no poder do Onipotente acabará cobrindo a nossa alma com uma couraça defensiva: "Ainda que um exército acampe contra mim, meu coração não temerá; ainda que uma guerra me venha ameaçar, mesmo assim estarei confiante" (cf. Sl 26, 3).

Bem podemos agora lembrar aquelas palavras de São Paulo ao jovem Timóteo: "Deus não nos deu um espírito de medo, mas de fortaleza, de amor e de sabedoria" (2 Tm 1, 7).

Ignácio Orbegozo, um sacerdote do Opus Dei — que não faz muito tempo faleceu santamente de câncer —, nomeado bispo por Pio XII, que lhe designou um dos territórios mais difíceis de pastorear — a Prelazia de Yauyos e Huarochirí — contou-me alguma das suas "aventuras" vividas a mais de quatro mil metros de altitude nos Andes peruanos.

No meio daquelas montanhas imponentes e perigosíssimas, percorria em certa ocasião uma vereda de montanha de apenas um metro de largura, comprimida entre um paredão vertical e um profundo abismo. Fez-se noite. Era precedido por um montanhês que conhecia bem a região. Ambos iam a cavalo. De repente, o guia saltou da cavalgadura e se escondeu detrás de umas rochas: — "Pule, pule!", gritou para o Ignácio — "Por quê?" — "Olhe à direita." E viu dois olhos brilhando na noite. Era um puma dos Andes, animal extremamente feroz e agressivo. Ignácio gritou: "Sobe ao cavalo. Não tenha medo. Estou

145

A FORÇA e a suavidade do Espírito Santo

armado!" O montanhês obedeceu. Quando chegaram à aldeia, este, admirado, disse ao sacerdote: "Não sabia que o senhor andava armado." — "Eu sempre ando armado." E puxou do bolso o seu crucifixo: "Esta é a minha arma." O nosso bom homem começou a tremer de susto e esteve a ponto de desmaiar.

Não esqueçamos que o Senhor obteve, precisamente por meio da cruz, a copiosa efusão do Espírito Santo. Assim o afirma aquela mulher que sentiu como poucos os eflúvios do Divino Paráclito no fundo da sua alma. Francisca Javiera del Valle, ao meditar sobre a cruz, exclama: "Quanto lhe custou a Cristo alcançar-nos de Deus o Seu Santo e Divino Espírito! Quanto lhe custou o que tanto vale!"[15] No mesmo sentido, São Josemaria Escrivá, expressando idêntica verdade, nos diz: "O Espírito Santo é fruto da cruz."[16] "Só quando o homem, fiel à graça, decide colocar no centro da sua alma a cruz é que recebe o grande fogo, a grande consolação do Espírito Santo",[17] só então é que recebe essa coragem capaz de superar todas as inseguranças e medos.

Recordemos que o bispo, ao conferir o sacramento da crisma, que é como um Pentecostes particular para cada crismado, faz o sinal da cruz na testa, dizendo: "Recebe por este sinal o Espírito Santo, o Dom de Deus." É como se fosse o selo de Deus, a "tatuagem" que marca não apenas a testa mas o coração e o fundo do próprio ser com o "logotipo" característico da sua filiação divina: uma autêntica couraça, defensora de todos os perigos.

É por isso que aquele bispo santo, diante da ameaça de uma fera selvagem, disse confiante: "Não se preocupe, eu estou sempre armado."

---

15   Francisca Javiera del Valle, op. cit., p. 80.

16   São Josemaria Escrivá, *É Cristo que passa*, Quadrante, São Paulo, 2024, n. 137, p. 216.

17   Ibidem.

OS DONS EXTRAORDINÁRIOS

A cruz, o crucifixo, é como a fonte de água viva que nos traz o dom da Fortaleza, a coragem sobrenatural. Foi essa fonte de água viva que jorrou nos apóstolos em Pentecostes, comunicando-lhes esse destemor que desafiava qualquer ameaça. O crucifixo, a oração a Cristo crucificado — Nosso Salvador — é a melhor arma contra todos os nossos medos; é o que atrai o dom de Fortaleza comunicado pelo Espírito.

A atitude deste bispo santo deveria trazer-nos sempre à memória que, caminhando ao lado do Senhor, estamos protegidos por uma potente armadura: "O Senhor é a minha Luz e a minha Salvação, a quem temerei?" (Sl 26, 1). Temos nós a consciência dessa verdade? Nos momentos mais arriscados da nossa vida, quando sentimos medo diante de um mal que nos assalta, de uma doença grave que surge no horizonte da nossa vida, escondemo-nos detrás da couraça da cruz, da força protetora do Espírito Santo?

Apesar do que dizemos, temos que levar em conta que a graça não dispensa a natureza, que a oração não supre nem a prudência que exige o bom senso, nem o esforço pessoal. Temos que empenhar-nos a fundo para lutar contra o medo, como se luta contra um inimigo. Mas para isso é preciso, antes, identificá-lo.

Os nossos temores muitas vezes são confusos, indeterminados. Podem ter a sua origem numa constituição psicológica fraca, ou numa estrutura física precária; podem provir de uma situação traumática sofrida no passado e escondida no nosso subconsciente que, de repente, aflora no presente devido a um motivo aparentemente banal; ou podem emanar de uma família desestruturada onde faltou a segurança do braço paterno ou a ternura do coração materno; podem surgir de uma vida sem sentido, carente de fé, que parece ir caminhando para o aniquilamento ou a morte... Podem ter a sua fonte em outros muitos

A FORÇA e a suavidade do Espírito Santo

motivos que precisam ser delimitados e definidos... Só então poderemos combatê-los e superá-los.

Uma das formas mais eficazes para identificar os nossos medos é a meditação feita à luz do Espírito Santo. Com a calma que traz uma meditação pausada, poderemos, pouco a pouco, ir conhecendo a procedência dos nossos receios, as raízes dos nossos pavores e as causas das nossas covardias. É necessário abrir as válvulas da nossa alma e dar oportunidade a que o Espírito Santo, o nosso querido Hóspede, invada todas as áreas escuras da nossa vida e as ilumine.

O Espírito Santo ajudar-nos-á a descobrir "o que de escuro e inapreensível se oculta na alma", nos diz João Paulo II.[18] Existe, acrescenta, uma "zona limite onde a consciência, a vontade e a sensibilidade do homem estão em contato com as escuras forças do mal".[19] Nessa zona crepuscular onde nosso subconsciente, os traumas e os complexos do passado estão, por assim dizer, misturados às realidades conscientes do presente e em contato com as forças ocultas do mal, é onde aparecem os fantasmas, os medos indefinidos, as apreensões assustadoras...

Sim, é preciso esclarecer esse complexo mundo interior e desarmar todos os mecanismos, mergulhando nessa correnteza infinita de luz que é o Espírito Santo. Essa divina claridade pode iluminar alguns questionamentos que com frequência nos fazemos: por que sinto tamanho receio de fracassar, de não ser bem-sucedido, de ficar doente, de não poder ganhar uma boa posição social ou de não conquistar o amor de uma criatura com quem realmente possa ser feliz?; por que fico tão assustado ao prestar uma prova?; por que tenho tanto medo, quando vou fazer um exame médico?... O Espírito Santo, talvez,

---

18   João Paulo II, *Reconciliatio et Paenitentia*, n. 14.

19   Ibidem.

OS DONS EXTRAORDINÁRIOS

venha a esclarecer-me que é, porventura, um orgulho excessivo o que me impede de aceitar o fracasso; que é a falta de fé o que me embaraça para ver na doença ou na humilhação um desígnio da vontade de Deus; que é a falta de amor à Cruz salvadora o que dificulta saber oferecer com alegria as minhas dores para ser corredentor com Cristo... E, através dessa meditação iluminada pelo Doce Hóspede da alma, vamos descobrindo as raízes dos nossos temores e inseguranças, vamos reconhecendo as nossas limitações, dando o nome que merecem aos nossos complexos, traumas e temores: saberemos então desmascarar as forças ocultas do mal, os fantasmas do nosso cérebro... E, uma vez conhecidos e identificados, eles virão a perder a sua virulência. Ao desvendar o seu rosto assustador, acabamos, porventura, rindo deles como as crianças troçam daquele simpático "Gasparzinho", o fantasma das histórias de quadrinhos. Quantos medos espantosos são em realidade simples "gasparzinhos"...!

Desta forma, começamos a ser curados. A cura interior não é algo mágico. Deus não faz mágica. Deus não premia a passividade apática. Deus faz, isso sim, os milagres que pressupõem uma empenhada reflexão, iluminada pelo Espírito Santo.

É a partir daí que devemos dar um segundo passo: pedir ajuda a Deus para superar aquilo que não podemos fazer com o nosso esforço.

Aí sim, ajudados pelo Espírito Santo, devemos saber gritar, como Pedro quando se afundava no Mar de Tibiríades: "Salva-me Senhor" (Mt 14, 30). "Senhor, escuta minha oração e que o meu clamor chegue até vós" (Sl 102, 2). "Senhor, que eu não tenha medo do terror da noite nem da flecha que voa de di (cf. Sl 91, 5). "Senhor, escuta a minha súplica, não deixes de escutar este grito que lanço para ti, Deus Altíssimo" (cf. Sl 53, 2). Senhor, que eu assimile as palavras que dirigistes a Josué: "Sê

A FORÇA e a suavidade do Espírito Santo

firme e corajoso. Não te atemorizes, não tenhas medo porque eu estou contigo em qualquer parte para onde fores" (cf. Js 1, 9). Senhor, que torne minhas as palavras de Santa Teresa: "Nada te turbe, nada te espante, tudo passa, quem a Deus tem nada lhe falta, só Deus basta!" Senhor, que não me falte nunca a ajuda protetora do meu Anjo da Guarda, que nunca perca a confiança na eficácia daquela oração que se rezava antigamente no fim de cada Missa e que nunca poderá perder a sua atualidade: "São Miguel Arcanjo, protegei-nos do combate, cobri-nos com o vosso escudo contra os embustes e ciladas do demônio. Subjugai-o, ó Deus, instantemente O pedimos; e vós, Príncipe da milícia celeste, pelo divino poder que vos foi dado por Deus, precipitai no Inferno a Satanás e aos outros espíritos malignos que andam pelo mundo para perder as almas. Amém."

O homem que vive fundamentado numa decidida e incondicional confiança em Deus poderá dizer livre de temor: "Sois meu refúgio e proteção, sois o meu Deus, no qual confio inteiramente. Não temerei terror algum durante a noite, nem a flecha disparada em pleno dia; nem a peste que caminha pelo escuro, nem a desgraça que devasta ao meio-dia. Pois fiz do Senhor o meu refúgio, e no Altíssimo encontrei o meu abrigo" (cf. Sl 90).

Quando sabemos fazer a oração desta maneira, aos poucos, a paz de Deus vai permeando a nossa alma, e terminaremos sendo invadidos pela certeza que comunicam estas palavras que o Senhor disse para Abraão: "Nada temas! Eu sou o teu protetor" (Gn 15, 1).

A cura da ansiedade

A ansiedade tem muitas manifestações: a apreensão por algo que nos pode acontecer, o sentimento de ameaça por um possível perigo, a insegurança a respeito do futuro pessoal ou da família, a preocupação pela saúde ou pela proximidade da morte ou por outro motivo confuso ou indeterminado, provocado talvez pela nossa congênita insegurança.

A fonte principal das nossas ansiedades parte, na maioria dos casos, da incerteza do que acontecerá no futuro: as incógnitas do dia de amanhã nos tornam inseguros. E a causa última dessa incerteza está em que não se acredita que tudo está submetido à providência amabilíssima do Criador. Enquanto as pessoas não tenham a convicção de que Deus, infinitamente poderoso e sábio, cuida delas como o mais amoroso dos pais, qualquer suspeita de uma enfermidade, qualquer dor que se sinta no peito no meio da noite, qualquer bala perdida que bata na casa vizinha, qualquer doença contagiosa que atinja um parente, qualquer informação menos favorável a respeito da nossa posição profissional, qualquer notícia sobre um possível abalo mundial, podem desencadear todos os mecanismos da ansiedade. Por isso Enrique Rojas, especialista nessa matéria, afirma que "a ansiedade é o termômetro que nos dá a imagem do homem do final do século XX, desprovido de um sentido transcendente da vida".[20] Quando, porém, temos esse sentido transcendente, quando temos uma fé profunda, sabemos com certeza como reagir perante estas apreensões. O Espírito Santo sai ao nosso encontro para nos dizer suavemente com as palavras de Jesus: "Não vos preocupeis com o dia de amanhã, o dia de amanhã terá as suas próprias preocupações. A cada dia basta o seu cuidado" (Mt 6, 34).

Basta a cada dia o seu cuidado! Viver o dia de hoje com plenitude de alegria sem angustiar-nos pelo que acontecerá no futuro: este é o segredo da nossa felicidade. O melhor

---

20 E. Rojas, *La ansiedad*, Edit. Temas de Hoy, Madri, 1995, p. 18.

A FORÇA e a suavidade do Espírito Santo

momento da nossa vida é este que estamos vivendo agora. Não entristeçamos o presente com as amarguras de um futuro que não sabemos como será. Saibamos fazer nossa aquela música do Gonzaguinha: "Viver é não ter a vergonha de ser feliz. Cantar e cantar... a beleza de ser um eterno aprendiz. Ai, meu Deus, eu sei que a vida devia ser bem melhor, e será, mas isso não impede que eu repita: é bonita, é bonita e é bonita."

É necessário viver a beleza de ser um eterno aprendiz para saborear a felicidade da vida neste momento, tal como ela é: a vida com Deus, seja lá como for, é bonita, é bonita, é sempre bonita.

Para isto é necessário viver a docilidade aos toques do Espírito Santo, confiar-nos a Ele, como uma criança no colo da sua mãe. E orar repetidas vezes: "Senhor, abandono nas Tuas mãos tudo o que eu sou ou posso vir a ser: o meu presente, o meu passado e meu futuro... em Tuas mãos, Senhor, repousa o meu espírito..."

Lembremos, neste amável sentido do abandono filial, uma das considerações que faz, ao lado de muitas outras semelhantes, Santa Teresa do Menino Jesus, Doutora na doutrina da infância espiritual:

> Jesus compraz-se em mostrar-me o único caminho (...); este caminho é o abandono da criancinha que se deixa dormir sem temor nos braços do Pai... "Se alguém é pequenino venha a mim" (cf. Pr 9, 4) disse o Espírito Santo pela boca de Salomão, e este mesmo Espírito de Amor disse ainda que aos pequenos é concedida a misericórdia (cf. Sb 6, 7) (...). E, como se todas estas promessas não bastassem, o mesmo profeta, cujo olhar inspirado penetrava já as profundezas eternas, exclama em nome do Senhor: "Como a mãe acalenta o filho, assim eu vos consolarei, vos trarei ao colo e vos acarinharei sobre os joelhos" (Is 66, 13) (...)

OS DONS EXTRAORDINÁRIOS

Jesus não pede grandes ações, mas apenas o abandono e o reconhecimento.[21]

A forte e profunda teologia de São Paulo corre pelos mesmos trilhos da suave e afetuosa teologia de Santa Teresinha de Lisieux: fala-nos da paz que provém do abandono de todas as nossas preocupações em Deus, através da oração. Ele nos aconselha: "Não vos inquieteis com nada!" (Fl 4, 6a). Mas poderíamos perguntar-nos: como é possível viver sem inquietar-nos por nada? Não estaremos aprovando assim uma atitude omissa, inerte e apática? Não. Não é isto o que nos quer dizer São Paulo. O que ele nos quer comunicar o encontramos no versículo seguinte da sua proposição: "Em todas as circunstâncias apresentai a Deus as vossas preocupações mediante a oração" (Fl 4, 6b).

Mediante a oração! A oração, o trato com o Hóspede da alma, é o veículo para extravasar todas as nossas preocupações e é o grande transformador que reverte o quadro da ansiedade deprimente num estado de ânimo plácido, sereno, tranquilo. Quando especialmente a nossa oração é como a entrega aberta e confiante de uma criança incapaz e inerme, nos cuidados de seu pai, então Deus, enternecido, não poderá deixar de ajudar-nos. Paulo e Teresinha encontram-se juntos no coração do Pai misericordioso.

Neste momento, é bom formular aquela conhecida oração da serenidade, que reza: "Senhor, dá-me a serenidade para aceitar aquelas coisas que não puder mudar, coragem para mudar aquelas que puder, e sabedoria para conhecer a diferença entre as primeiras e as segundas." Na oração é que aprendemos essa sabedoria: viver entregues a nós mesmos e à nossa mera capacidade humana

---

21 Santa Teresa do Menino Jesus, *Manuscritos autobiográficos*, Edit. Apostolado da Imprensa, Porto, 1960, pp. 222–223.

A FORÇA e a suavidade do Espírito Santo

significa tanto como debater-nos na ansiedade; entregar a Deus, porém, tudo aquilo que nos preocupa e que nós não podemos superar, num ato de plena confiança, é arribar no porto seguro da paz.

É preciso repetir uma e outra vez, como uma "ladainha", aquelas palavras tão conhecidas por nós: "Confia-lhe todas as tuas preocupações porque Ele tem cuidado de ti" (cf. 1 Pe 5, 7); não tenhas medo, "sem a Sua permissão não cairá um só cabelo da tua cabeça" (cf. Mt 10, 29–31). "O Senhor é a minha luz e a minha salvação a quem temerei?" (Sl 26, 1). "Sê firme e corajoso. Não te atemorizes, não tenhas medo, porque o Senhor está contigo em qualquer parte para onde fores" (Js 1, 9).

É necessário que reiteremos dessa forma a nossa oração, substituindo essa outra "ladainha pessimista" do "homem velho" que martela a nossa cabeça: "Alguma coisa vai acontecer comigo...; esta dorzinha que tenho aqui no peito está pressagiando algo muito sério...; a caçulinha está tardando em chegar da escola, já é tarde, meu Deus! O que terá acontecido...?; faz tempo que não tenho notícias dos meus pais... deve estar-se passando alguma coisa ruim com eles...; está demorando demais em chegar o resultado daquele exame médico, o especialista olhou muito preocupado para mim...; estou apreensivo pelo futuro de meus filhos, não sei se estão-se encaminhando bem na vida...; pela atitude que está tomando o meu chefe, tenho a forte impressão de que vou ser mandado embora..." Não! Não! Não! Digamos: Senhor, estou nas Tuas mãos; Tu me amas, Tu queres o melhor para mim, seja feita a Tua vontade, livra-me de todo mal! "O meu Deus há de prover magnificamente todas as minhas necessidades..." (cf. Fl. 4, 19).

Com as mesmas palavras do sacerdote na Santa Missa — "orai, irmãos e irmãs" — que nos incitam a levantar o coração a Deus, agora também somos convidados a solicitar do Espírito Santo essa coragem necessária para

OS DONS EXTRAORDINÁRIOS

vivermos decidida e integralmente com a segurança de um filho de Deus: invocar, orar, pedindo aquilo de que tanto necessitamos: a paz e a serenidade, livres de medos e ansiedades.

Essa coragem e segurança, sem temores e angústias, era o que sustentava David:

> O Senhor é a minha luz e a minha salvação, a quem temerei? O Senhor é o protetor da minha vida, de quem terei medo?
> Se todo um exército acampar contra mim, não temerá o meu coração. Se se levantar contra mim o perigo de uma batalha, mesmo assim terei confiança (Sl 26, 1-3).

* * *

> Na minha angústia eu clamei pelo Senhor e o Senhor me atendeu e libertou.
> O Senhor está comigo, nada temo; o que pode contra mim um ser humano?
> É melhor buscar refúgio no Senhor, do que pôr no ser humano a esperança; é melhor buscar refúgio no Senhor, do que contar com os poderosos deste mundo.
> De todo lado todos eles me cercaram, mas em nome do Senhor os derrotei.
> Como um enxame de abelhas me atacaram, como um fogo de espinhos me queimaram, mas em nome do Senhor os derrotei.
> A mão direita do Senhor fez maravilhas, a mão direita do Senhor me levantou, a mão direita do Senhor fez maravilhas.
> Dou-vos graças, ó Senhor, porque me ouvistes e vos tornastes para mim o Salvador (Sl 117).

Peçamos ao Espírito Santo o dom da Fortaleza — que compreende a virtude da valentia — da mesma forma

A FORÇA e a suavidade do Espírito Santo

como os apóstolos o pediam no dia de Pentecostes. Eles sentiam medo das perseguições e temor para empreender essa imensa tarefa de evangelização mundial que o Senhor lhes tinha confiado. Mas oravam: "Perseveravam unanimemente em oração ao lado de Maria, a mãe de Jesus" (At 1, 14). E conseguiram, através do Espírito, a coragem de que precisavam para cumprir o mandato de Cristo: "Ide e pregai a todas as nações" (Mt 28, 19). Mais ainda, em poucos anos, converteram o orgulhoso Império Romano, numa sociedade impregnada de valores cristãos.

Cada um de nós, guiado pelo Espírito Santo, poderia acrescentar à sua própria oração espontânea: "Pai, não permitais que eu seja dominado pela ansiedade; ensina-me a colocar todas as minhas preocupações nos desígnios da Tua bondade amorosíssima. Eu Te entrego todos os cuidados da minha vida: o futuro da minha família, do meu trabalho profissional, da minha saúde: Em tuas mãos, Senhor, está a minha sorte (Sl 31, 15–16). Senhor, eu ponho em vós minha esperança... defendei--me, libertai-me ... Sede uma rocha protetora para mim, um abrigo bem seguro que me salve" (Sl 30, 2–4).

Orai, irmãos e irmãs, sempre, sem desfalecer, dizendo cada um do seu jeito palavras como estas: "Eu confio na Tua proteção paterna e materna. Dá-me a graça de viver intensamente o dia de hoje sem preocupar-me com o dia de amanhã, para que eu saiba agradecer o dom desta vida tão bonita que me deste. 'Das profundezas eu clamo a vós, Senhor, escutai a minha voz. Vossos ouvidos estejam bem atentos ao clamor da minha prece!' (cf. Sl. 129). Não me deixes nunca, Senhor! Sem Ti nada posso fazer, mas Contigo tudo. Penetra com a Tua paz todo o meu ser até o último poro do meu corpo, até a mais íntima fibra do meu coração. Que eu saiba ser sempre, Senhor, semeador de paz e de alegria! Amém."

OS DONS EXTRAORDINÁRIOS

Quando esta oração, e todas as verdades que ela implica, descer serenamente até o âmago do nosso ser, pouco a pouco, iremos experimentando essa paz que o mundo não conhece e que só o Divino Consolador pode conceder-nos.

Assim o experimentava — dizia-me ela — uma jovem cantora do Rio de Janeiro — Aline Venturi — ao interpretar uma belíssima música composta por ela mesma:

Espírito Santo, vem. Vem ficar neste lugar. Espírito Santo, vem
Preencher o vazio que há em mim. Vem tocar no meu falar,
Vem tocar no meu viver, Vem tocar no meu pensar.
Age em mim com o Teu amor...

Estaria tentado agora a deixar um espaço em branco, abaixo destas linhas para você, querida leitora, querido leitor, estampar aqui também a sua mais íntima e espontânea oração — ou música de louvor — encaminhada ao Espírito Santo... Essa tarefa pessoal, contudo, só depende de você...

CAPÍTULO VIII
FIDELIDADE AO ESPÍRITO SANTO

Se o amor é *per si* difusível — tende a expandir-se —, o que não será o Amor substancial e infinito, mútuo e recíproco do Pai e do Filho, que é o Espírito Santo? O Espírito Santo é como um fogo devorador que quer comunicar o seu infinito Amor a todos os homens, para torná-los ardentes como uma tocha (Eclo 48, 1). Mas Ele, que tem um poder incomensurável, ilimitado, não quer invadir o nosso ser contrariando a nossa liberdade: entra no nosso coração na medida em que nós lhe abramos a porta.

É preciso abrir-se ao Espírito Santo. Desdobrar todas as possibilidades para tornar-nos capazes de captar as suas insinuações e toques como um grande e sensibilíssimo radar.

"Nossas vidas deveriam desenvolver-se", escreve o conhecido teólogo Philipon,

> em todos os seus instantes, ao sopro do Espírito Santo, do Pai e do Filho, sem desviar-se nunca para o mal, sem retardar jamais o seu impulso para Deus. O Espírito Santo se encontra não só muito perto de nós, mas dentro de nós, no mais fundo das nossas almas, para iluminar-nos com as claridades de Deus, para inspirar-nos a realização de ações inteiramente divinas e facilitar-nos o seu cumprimento. Quanto mais se entrega uma alma ao Espírito Santo, mais se diviniza. A santidade perfeita consiste em não recusar nada ao amor.[1]

---

1 P. Philipon, *Los dones del Espíritu Santo*, Barcelona, 1966, p. 281.

A FORÇA e a suavidade do Espírito Santo

Realmente a santidade, em grande medida, consiste em sermos dóceis ao Espírito Santo. A preocupação quase única da alma há de consistir em chegar a conseguir a mais delicada, constante e sensível fidelidade à graça. Garrigou-Lagrange, na sua conhecida obra *As três idades da vida interior*, escreve:

> A graça nos é constantemente oferecida para ajudar-nos no cumprimento do dever de cada momento, algo assim como o ar entra incessantemente em nossos pulmões para permitir-nos purificar o sangue. E assim como temos que aspirar para introduzir nos pulmões esse ar que renova nosso sangue, do mesmo modo temos que desejar positivamente e com docilidade receber a graça que regenera nossas energias espirituais, para caminharmos em busca de Deus.
>
> Quem não respira, acaba por morrer de asfixia; quem não recebe com docilidade à graça, terminará por morrer de asfixia espiritual.
>
> Por isso diz São Paulo: Exortamos-vos a não receber em vão a graça de Deus (2 Cor 6, 1). Cumpre responder a essa graça e cooperar generosamente com ela. É esta uma verdade elementar que, praticada sem desfalecimento, levar-nos-á até a santidade.[2]

As inefáveis moções do Espírito Santo

A graça que recebemos continuamente, como o ar, tem que ser correspondida. Deus está presente em tudo e nos fala através do Espírito Santo das maneiras mais diversas. Ele toca o nosso coração diante da beleza grandiosa de

---

2 R. Garrigou-Lagrange, *Las tres edades de la vida interior*, t. I, 8ª edição, Edit. Palabra, Madri, 1995, p. 104.

FIDELIDADE AO ESPÍRITO SANTO

um crepúsculo, da extensão infinita de um imenso céu estrelado, do carinho de uma criatura irracional pelos seus filhotinhos, de um mar azul, do encanto de um olhar, da ternura e dedicação abnegada de uma mãe pelo fruto do seu amor, do sorriso de uma criança... Ele murmura na surdina, no fundo de uma música, de uma lembrança tocante da nossa infância... Deus nos pode falar de tantas maneiras... de tantas maneiras nos pode falar Aquele que conhece a complexidade e a riqueza do coração humano...

As moções do Espírito Santo vêm até nós, às vezes, como uma suave brisa insinuando-nos, no fundo da consciência, a necessidade de uma mudança de comportamento ou de uma verdadeira conversão, de uma confissão sacramental, da exigência de uma maior generosidade, da supressão de um defeito que se toma molesto na vida de família... Porventura estas insinuações do Divino Consolador nos vêm no silêncio da oração, mas outras vezes pode acontecer no meio da rua, ou do barulho de uma festa...

Lembro-me de uma moça que, subitamente, sentiu que o namoro com um rapaz — arquiteto recém-formado, inteligente, bonito, bom católico... — não lhe bastava... Havia algo muito profundo no coração que ele não preenchia... E quando se encontrava sozinha diante do Sacrário, parecia que a sua alma se dilatava, os olhos ficavam marejados de lágrimas... "É o Espírito Santo que me está falando" disse então para si. E com grande surpresa de todos — e dela mesma — acabou com o namoro... Hoje, depois de bastantes anos dedicados inteiramente ao Senhor, recorda esse momento decisivo e dá graças a Deus. "Dou mil graças a Deus" — dizia-me — "por ter-me deixado carregar por esse rio de água viva que cada dia se aprofundava mais na íntima felicidade da minha alma...", e comentava, sorrindo, ao recordar a letra daquela música

A FORÇA e a suavidade do Espírito Santo

conhecida: "Foi um rio que passou na minha vida e eu me deixei levar..."

Um rapaz contava-me como no meio de um jantar de festa, vendo toda aquela gente "introduzir comida e comida no seu aparelho digestivo", como ele dizia, mostrando com isso uma satisfação fisiológica animalesca, sentiu pena e repugnância... E por dentro, uma fisgada: "Não será que você vai-se tomar um bom profissional gordurento e aburguesado como estes...?" E a consciência começou também a murmurar: "É o Espírito Santo que te está querendo dizer alguma coisa." Aquele acontecimento representou uma vigorosa virada na sua vida.

Francisco, o filho de Bernardone — rico comerciante de Assis —, no meio da rua, depois de uma daquelas noitadas alegres em que gastava o dinheiro do seu pai com os amigos, sentiu um grande vazio... foi então que, seguindo o sopro dessa graça, aos vinte e um anos, começou a converter-se naquele grande homem — humilde, pobre, pequeno diante do mundo — que revolucionou a sua época e deu oportunidade para ser proposto como o homem mais significativo do segundo milênio...[3]

Outras vezes o Espírito Santo não sopra, não murmura... grita! São os grandes brados de uma doença ou da morte de um ser querido que exige necessariamente pensar na precariedade da vida humana; são os berros de um fracasso profissional ou um desbaratamento da fortuna que reclama não depositar as esperanças nos bens materiais, nem nas riquezas...

Com frequência são as palavras claras que lemos num livro, que escutamos numa palestra, que refletimos numa meditação, que nos são dirigidas nos conselhos de uma confissão, de uma direção espiritual... Essas palavras pronunciadas em voz alta as vamos ouvindo em voz baixa,

---

3 Cf. D. Elcid, *El hermano Francisco*, Edit. BAC, Madri, 1981, pp. 13 ss.

sotto voce, de acordo com as modalidades que insinua na nossa consciência o Espírito Santo: "Precisas ser menos egoísta, ocupar-te mais dos outros, não pensar apenas em ti, ser um pouco mais generoso com os carentes, mais atento com os colegas e subordinados, menos vaidoso, menos 'boneca deslumbrada', menos 'sensual', acabar com esses desejos megalomaníacos de subir no *podium* da notoriedade, no pedestal do triunfo..." As vozes interiores têm muitas variantes... Fazem-nos questionar, talvez: Essa atitude que estás tendo com essa moça a terias diante da tua esposa?; depois dessa "aventura amorosa" com que "cara" vais apresentar-te diante dos teus filhos?; o que pensaria a tua querida caçulinha diante desta tua atitude...?; e se Deus te pedisse conta da tua vida nesta mesma noite, estarias preparado para encontrar-te na Sua presença...?

Há momentos, entretanto, em que a atenção e docilidade a essas inspirações pode ser decisiva na nossa vida. Santo Antônio Abade — cuja vida foi tão importante para a Igreja ao ouvir de um pregador as palavras do Evangelho "se queres ser perfeito vai e vende tudo quanto tens, dá aos pobres e segue-me" (Mt 19, 21), partiu no ato para a sua casa, vendeu tudo quanto tinha e se retirou ao deserto.[4] São Josemaria Escrivá sentiu o chamado de Deus ao ver as pegadas dos pés descalços de um carmelita impressas na neve.[5] Experimentou como um toque do Espírito Santo na raiz da sua alma que o estava convocando a um amor mais generoso. Foi a partir desse momento que surgiu uma vocação que removeu a vida de tantos milhões de pessoas. Alfonse Ratisbone se converteu de repente ao entrar na igreja de Santo André do Horto, em Roma. A conversão

---

4   Cf. A. Royo Marín, *El gran desconocido, el Espíritu Santo y sus dones*, 4ª edição, BAC, Madri, 1977, p. 211.

5   Cf. A. Vazquez de Prada, *O fundador do Opus Dei*, Quadrante, São Paulo, 1989, p. 82.

A FORÇA e a suavidade do Espírito Santo

radical de André Frossard — socialista e ateu convencido — ocorreu também ao entrar numa igreja, de uma maneira igualmente fulminante. García Morente, o melhor catedrático de filosofia que a universidade espanhola conheceu no século XX — racionalista e agnóstico —, encontrou a Jesus subitamente em Paris de forma inesperada e extraordinária e abraçou o sacerdócio com absoluta disponibilidade.[6] Paul Claudel, o grande escritor francês, Nobel de literatura — afastado como estava de Deus —, começou a chorar como uma criança quando, na noite de Natal, ouviu o comovedor canto *Adeste fideles...*[7]

Foram momentos decisivos para eles e também para muitos que se sentiram tocados com o Seu exemplo e com a Sua vida. Num instante pode acontecer algo aparentemente insignificante — como o fato de ver umas pegadas na neve — e talvez cheguemos a pensar: Ora! Não é nada, não está acontecendo nada...! e, todavia, está passando Deus, está chamando-nos o Espírito Santo. Quantos teriam avistado naquele dia as marcas daqueles mesmos pés descalços na neve e nada experimentaram interiormente...! E, no entanto, para um rapaz jovem esses sinais foram o ponto inicial de uma vida de santidade...

Tudo se reduz a um "sim" e a um "não"

A fidelidade a um toque experimentado na consciência pode ser o começo de um novo caminhar ou de uma cadeia de graças. Desprezado o primeiro elo, contudo, podemos perder uma série deles de incalculável riqueza.

---

6   M. García Morente, *O Fato extraordinário*, Quadrante, São Paulo. 1989, pp. 34–52.

7   Cf. F. Lellote, *Convertidos do século XX*, Agir, São Paulo, 1959, pp. 132–133.

Se quiséssemos reduzir a vida interior a seus elementos mais simples, encontraríamos, no fundo da vontade, um *sim* e um *não*. Um *sim* ao Espírito Santo que nos faz crescer. Um *não* ao Espírito Santo que nos encastela no nosso pobre eu, nos atrofia e diminui. Abrir-se ao Espírito Santo, corresponder com fidelidade à graça é o único sistema para enriquecer-nos, dilatar-nos e crescer.

Aléxia, uma menina de catorze anos, morreu depois de um longo e difícil calvário de sofrimento, consequência de um dolorosíssimo câncer. Em poucos anos, essa adolescente conseguiu uma maturidade de fé e de amor que se iguala à dos maiores santos. A sua morte foi como a culminação de um *sim* incondicional, vivido ao longo da sua vida.

Moncha, sua mãe, nos momentos de maior sofrimento costumava contar-lhe histórias envolvendo os acontecimentos da vida de Jesus. Chegou a sua última hora: 5 de dezembro de 1985. Neste momento supremo, Moncha fez questão de colocar a filha num clima de oração, fazendo com que Aléxia fosse protagonista de uma carinhosa visita ao presépio de Belém. Depois de narrar várias incidências em que Aléxia prepara um ramo florido para levar de presente ao Menino Jesus, a mãe continua contando a sua história:

Aléxia prepara a comida para a Sagrada Família, embala o Menino para O adormecer e São José e Nossa Senhora conversam entre si:

— José, que menina boa é Aléxia! Achas que ela quererá vir conosco para cuidar de Jesus?

— Claro que sim, ela gosta muito de nós. Vês como ela acaricia o Menino? Como O trata bem!

Não era possível parar, porque Aléxia reclamava continuamente: "Mais." Não se limitava a escutar. Estava identificada com a história. Sentia-se em Belém pertinho de Jesus, José e Maria, invocando-Os continuamente

A FORÇA e a suavidade do Espírito Santo

com grande amor. A respiração ia-se tomando cada vez mais lenta. As pulsações sendo mais compassadas. Aléxia agonizava lentamente.

— Querida filha, tu amas muito a Jesus, não é verdade?

— Sim — respondeu já sem forças.

— Ele está à tua espera, minha filha, porque te ama muito. Nossa Senhora e São José também te esperam, para te abraçarem com muita força. Nossa Senhora ama-te muito, muitíssimo. Ama-te mais do que eu: ainda que eu não consiga imaginar que ninguém — nem sequer Nossa Senhora — seja capaz de te amar mais do que eu, mas Ela ama-te, minha filha, quer-te mais, muito mais do que eu...

— Sim — acrescentou derradeiramente Aléxia. E dizendo isto exalou o seu último suspiro.

Era a confirmação daquele seu pedido, quando ainda mal tinha o uso da razão: "Jesus, que eu faça sempre aquilo que Tu queres."

Uma grossa lágrima desceu pela sua face, símbolo de todas aquelas que nunca derramou — para não entristecer os seus — por tanto sofrimento alegremente suportado.

As últimas palavras que pronunciou foram *mais* e *sim*. *Mais*, para pedir que lhe falassem de Deus. *Sim* para aceitar a Sua vontade e afirmar que O amava e estava disposta a entregar para Ele a sua vida jovem.[8]

A vida de Aléxia, como a vida de Maria e a de todos os santos, foi um contínuo *sim*. Um *sim* ao Espírito Santo que vai fazendo crescer progressivamente a vida espiritual até a sua plenitude. Um sim nas pequenas e nas grandes coisas que termina sendo um *sim* heroico como o de Aléxia no seu último suspiro. A sua existência não tem nada de excepcional. Ela não fez nada que pudesse ser noticiado nos jornais. Mas ela na sequência do dia a dia, marcado pela sua fidelidade ao Espírito Santo, escreveu, sem dúvida,

---

8   Cf. M. V. Motins, *Aléxia*, Edit. A. O. Braga, 1987, pp. 100–101.

FIDELIDADE AO ESPÍRITO SANTO

uma página notável no longo elenco dos amigos íntimos de Deus. Por isso a Igreja quis reconhecer o grande valor da nossa Aléxia, abrindo no ano de 1994 o seu processo de canonização. Seria para nós motivador pensar que há dentro de nós uma pequena Aléxia que deseja crescer e crescer na espera dos nossos sins ao Espírito de Amor, no nosso viver cotidiano. Uma fidelidade chama outra fidelidade. E a fidelidade chama a santidade. E esta, a nossa felicidade. João Paulo II, no II Encontro Mundial com as Famílias, em 1997, estabeleceu precisamente a conexão desses três conceitos: santidade, fidelidade e felicidade:

> Deixai que vo-lo diga: Deus vos chama à santidade. Ele mesmo "vos elegeu antes da criação do mundo para serdes santos e imaculados em sua presença (...) por meio de Jesus Cristo" (Ef 1, 4). Ele vos ama loucamente, ele deseja vossa felicidade, mas quer que saibais conjugar sempre a fidelidade com a felicidade, pois uma não pode existir sem a outra.[9]

A correspondência ou a não correspondência às moções do Espírito Santo não representam, entretanto, uma atitude isolada. Cada ato da nossa vida espiritual tem uma influência no seguinte. Há como que um nexo vital entre uma opção e outra; há como que uma concatenação de resultados: uma graça correspondida puxa outra; uma graça negada barra a possibilidade de alcançar outra ainda maior, interrompendo um processo ascendente e progressivo.

É esta uma lei de crescimento espiritual de altíssimas consequências. Tudo pode começar no momento em que correspondemos a um pequeno chamado, a um toque ao

---

9   João Paulo II, II Encontro Mundial com as famílias, Rio de Janeiro, Homilia na Santa Missa campal do Aterro do Flamengo, Rio de Janeiro, 05/10/1997.

A FORÇA e a suavidade do Espírito Santo

parecer intranscendente — a vista de umas pegadas na neve — que, recebido e aproveitado, anima, por assim dizer, o Divino Santificador a enviar uma graça maior. E, por sua vez, se esta foi bem recebida e assimilada, incentiva-O — é um modo de falar humano — a desencadear um processo multiplicador extraordinário. Esta lei de crescimento progressivo, de certa fomla, foi estabelecida por Nosso Senhor, quando disse: "Dai e dar-se-vos-á uma medida cheia e repleta porque na medida em que deis nessa mesma medida recebereis" (Lc 6, 38).

Se nós damos um, Ele nos dará cem; se nós Lhe damos cem, Ele nos devolverá mil; se Lhe damos mil, Ele nos premiará com um milhão, com um trilhão.

Lembro agora ter lido algo absolutamente intranscendente e que parece não ter nada a ver com o que estamos falando. No início deste século — no começo do progresso econômico e industrial dos Estados Unidos — um adolescente foi pedir emprego numa firma. Ao ver o rapazola, o dono, com modos ríspidos, lhe disse que lá não tinha trabalho para ele. Ao sair, o garoto viu um pedaço de papel no chão, o pegou, fez cuidadosamente uma bolinha e a jogou no lixo. Isto foi observado pelo chefe. E instintivamente pensou: "alguém que depois de receber uma recusa tão destemperada é capaz de fazer este gesto, tem, sem dúvida, valor". Levantou-se deu a mão ao rapaz e lhe disse: "Parabéns, você tem lugar nesta empresa." Este rapaz chegou a ser nada menos que Henry Ford, o fundador de uma das fábricas de automóveis mais importante dos Estados Unidos. Tudo, porém, começou com o simples fato de recolher um papel do chão.

Fazendo uma transposição de planos, poderíamos pensar que o Divino Santificador está esperando a nossa resposta — o nosso sim — a determinados apelos: o convite que recebemos, por exemplo, para assistir a uma palestra, para participar de uma atividade formativa, pode ser o primeiro elo de uma corrente de dons que, como um gigantesco guindaste, nos levante até a mais alta santidade. Tudo depende, às vezes, de fazer um pequeno sacrifício para recolher um papel do chão; ou para cumprir com pontualidade o dever, ou para prontificar-se a prestar uma ajuda a outrem, ou para abrir mão de um programa de televisão, ou de um gasto desnecessário...

Os projetos divinos e a correspondência humana

Deus tem para cada um de nós planos magníficos, como um pai tem para cada um dos seus filhos os melhores projetos. Talvez Ele de alguma maneira poderia dizer-nos aquelas palavras da Sagrada Escritura: "Eu te escolhi antes da constituição do mundo" (cf. Ef 1, 4). "Antes que no seio fosses formado, eu já te conhecia; antes do teu nascimento eu já te havia consagrado, e te havia designado profeta das nações" (cf. Jr 1, 5). Ele — para explicitar-nos esses planos — nos envia os Seus emissários que transmitem a Sua mensagem — acontecimentos, encontros, convites, exemplos, apelos, meditações, livros... — e nós por acaso não os escutamos. Ele tem então que modificar o Seu primeiro projeto. Já não é tão grandioso. Mas este segundo projeto também pode não ser correspondido por nós... e assim, pouco a pouco, vamos perdendo a oportunidade de nos santificar. A história ideal — sermos porventura protagonistas de uma extraordinária aventura termina convertendo-se numa "historinha" desconexa e medíocre... E sem dar por isso, a grande sinfonia que poderia ter sido a nossa vida a trocamos por uma "marchinha de carnaval", frívola e superficial.

A FORÇA e a suavidade do Espírito Santo

Lallemant escreve:

> Pode dizer-se com verdade que são poucas as pessoas que se mantêm constantemente nos caminhos de Deus. Muitos desviam-se sem cessar. O Espírito Santo os chama com as suas inspirações; mas como não são dóceis, cheios de si mesmos, apegados aos seus sentimentos, autossuficientes na sua própria sabedoria, não se deixam conduzir, só entram raras vezes no caminho e desígnios de Deus... Assim avançam muito pouco, e a morte os surpreende não havendo dado vinte passos, quando teriam podido caminhar dez mil se não tivessem abandonado a direção do Espírito Santo.[10]

Há pessoas que não chegam à santidade porque um dia, num determinado momento, não souberam corresponder plenamente à graça divina. Nosso futuro depende, por vezes, de dois ou três sim ou de dois ou três não que deveriam ter sido pronunciados no momento oportuno e não foram.

A que alturas chegaríamos se nos decidíssemos dar esses grandes passos!; se correspondêssemos a esses projetos divinos! E, no entanto, nos contentamos — por covardia, por comodismo — a dar passos de um pobre anão.

E esse ser atrofiado em que se converte aquele santo em potencial, a partir de uma determinada idade, começa a sentir nostalgia de altura, morre de saudades desse grande amor que deixou perder-se nos pequenos regatos dos comodismos e das compensações gostosas. Ele, tal vez, não tornara consciência que o aconchego mesquinho da horizontalidade apática, o luxo e o requinte sensual, o seguro anestesiante do dinheiro fizeram o papel de

---

10 P. Lallemant, *La Doctrina Espiritual*, princ. 4 e 2 a 1 e 2, cit. por A. Royo Marín, *El gran desconocido*, op. cit., p. 217.

FIDELIDADE AO ESPÍRITO SANTO

tesouras trucidantes que vão recortando imperceptivelmente as asas dessa grande águia de altos voos que estava destinada a ser, para converter-se numa vulgar ave de curral, capaz apenas de voos rasteiros. Mas, quando se aproxima a metade da vida, começa a experimentar dores nas asas cortadas e frustrações no coração mutilado... consequências nefastas dessas contínuas infidelidades às inspirações do Espírito Santo... Algo por dentro parece que lhes diz: "Tu tens coração de águia e te contentas em voar como galinha!"

Não contristemos o Espírito Santo! (cf. Ef 4, 30). Não frustremos o nosso destino eterno!

Os primeiros cristãos tinham um aforismo bem expressivo: *Time Jesu transeuntem non revertentem*: teme a Jesus que passa e que não volta!

Jesus passou apenas uma vez diante de Filipe para dizer-lhe: "Segue-me" (Jo 1, 43). E ele O seguiu. Uma vez somente passou diante do jovem rico e lhe disse: "Segue-me" (Mc 10, 21). E ele não O seguiu. Um foi um grande apóstolo; o outro um jovem triste que se perdeu na névoa da história e do qual nem conhecemos o nome. É por isso que os primeiros cristãos diziam, teme a Jesus que passa e que não volta, porque nessa passada está Jesus dando talvez uma única oportunidade irrepetível.

Assim como passa Jesus passa o Espírito Santo, e a nenhum dos dois podemos recusar, fechando a porta do coração. Se assim o fizermos, não podemos imaginar o quanto perderemos. "Eis que estou à porta, e bato: Se alguém me abrir, com ele terei um doce convívio" (cf. Ap 3, 20).

Temos que ter um santo temor de contristar o Espírito, de que passe ao nosso lado e não O atendamos, de que bata na nossa porta e não a abramos. Abrir a porta... eis o segredo! Em certa ocasião, numa exposição de um

171

A FORÇA e a suavidade do Espírito Santo

conhecido pintor nordestino, aparecia uma personagem batendo numa porta trancada. Alguém comentou com o autor: "Esqueceu de pintar a maçaneta." — "Não", respondeu sorrindo o artista. "A porta é a porta do coração. Só se abre por dentro. E quem está batendo na porta é o Senhor Jesus."

O dispositivo para abrir a porta é o nosso livre-arbítrio, o nosso querer, a nossa determinação... Não podemos deixar a porta do coração fechada, quando é o Espírito Santo quem chama... E muitas vezes não a abrimos por receio de perder a nossa autonomia, a nossa liberdade. Que absurdo ter medo de perder a liberdade ao abrir a porta para Aquele que é a própria Liberdade!

Digamos-Lhe, generosamente, com as expressões de um homem santo: "Vem oh! Santo Espírito, ilumina o meu entendimento, para conhecer os Teus mandados; fortalece o meu coração contra as insídias do meu inimigo; inflama a minha vontade... ouvi a Tua voz, e não quero endurecer-me e resistir dizendo: depois..., amanhã. *Nunc coepi!* Agora! Não aconteça que o amanhã me falte.

"Oh! Espírito de verdade e de sabedoria, Espírito de entendimento e de conselho, Espírito de gozo e de paz! Quero o que quiserdes, quero porque queres, quero como quiserdes e quando o quiserdes."[11]

Reiteramos: Como temer ao Divino Consolador que quer fazer do nosso coração a Sua mais íntima morada!? Como sentir receio de abrir a porta para quem é o manancial de todos os dons e de todas as alegrias!? Escancaremos as portas do coração, dilatemos as válvulas da nossa alma, para que entre em nós como um jato essa divina loucura que transformou e embriagou aos apóstolos no dia de Pentecostes!

---

11   São Josemaria Escrivá, Oração manuscrita, abril, 1934.

— Sim, digamos-Lhe sem receio:

Vinde, Espírito Criador,
enchei os nossos corações com Vossos dons celestiais!
Vós sois a fonte viva,
o fogo do amor,
a unção divina e salutar! A nossa mente iluminai,
queimai de amor o nosso coração
nossa fraqueza encorajai!

CAPÍTULO IX

NÃO NEGAR NADA AO ESPÍRITO SANTO

Esta firme determinação de estar sempre abertos aos ventos do Doador de todos os dons é de uma eficácia assombrosa. Há uma prática espiritual frequentemente recomendada pelos mestres da vida interior que consiste em fazer o teste de não negar nada ao Espírito Santo durante um certo tempo, e esperar para verificar os resultados dessa operação. Um autor antigo afirma terminantemente que três meses de fidelidade perfeita a todas as inspirações do Espírito Santo colocarão a alma numa situação ideal para chegar com certeza aos cumes da santidade. E acrescenta: "Que alguém faça a prova durante três meses e se surpreenderá com a profunda mudança que virá a experimentar na sua vida."[1]

Para pôr em prática essa tão necessária fidelidade, hão de cuidar-se inicialmente duas coisas: a atenção às inspirações do Espírito Santo e o discernimento para distingui-las de outros movimentos puramente naturais.

Atenção às inspirações

Estamos na era das comunicações. Gastam-se verdadeiras fábulas de dinheiro na construção, lançamento e conservação de milhares de satélites. O governo, as redes de televisão e de rádio montaram um complexo sistema

---

1 Cf. Mahieu, *Probatio caritatis*, Brujas, 1948, p. 271, cit. por A. Royo Marín, op. cit., p. 216.

A FORÇA e a suavidade do Espírito Santo

de antenas e de radares para conseguir a mais perfeita comunicação... Reparando nesses fatos e em muitos outros semelhantes, dá-me a impressão de que a nossa vida interior está, em ocasiões, na Idade da Pedra, na época dos dinossauros: somos antiquados, rudes, grosseiros, primários em matéria de comunicação espiritual.

Pensei nisso faz pouco ao iniciar esta página, porque acabo de saber da existência recente de um pequeno receptor portátil que capta os sinais dos satélites com extrema facilidade, e ajuda a situar-se com perfeita exatidão em qualquer posição em que se encontrar: serve para a navegação aérea e marítima, para todo tipo de estudos geográficos e de orientação na montanha, na floresta e no deserto. É o chamado G.P.S. (Global Positioning System). Veio também à minha cabeça um pensamento meio disparatado ou, se se preferir, de "ficção científica", em nível colegial, que consistiria em inventar no terreno espiritual um desses pequenos aparelhos para captar as insinuações do Espírito Santo. E nesses devaneios de ficção científica um tanto extravagantes, surgiram na imaginação algumas comparações que me parecem aproveitáveis: assim como o receptor G.P.S. não funciona em lugares fechados — precisa de espaço livre para permitir a passagem das ondas —, da mesma maneira nós não receberemos as mensagens emitidas pelo Espírito Santo enquanto ficarmos fechados dentro de nós mesmos, rodeados dos espelhos narcisistas que só permitem enxergar o nosso próprio rosto, ou enclausurados numa concha acústica que só consegue ouvir o eco da nossa própria voz... e, de igual maneira, que o receptor para funcionar tem que entrar em sintonia com os satélites, em exata frequência de onda (exatíssima: 1.575,42 MHz), assim também nós, para captarmos as moções do Espírito Santo, temos que entrar na mesma frequência de onda que permita escutar a Divina Sabedoria com perfeita fidelidade. E isto não acontece, quando estamos ligados a outras frequências e a outros interesses...

Esse "aparelho espiritual", inventado pela minha fértil imaginação, está dotado de três peças indispensáveis e delicadíssimas: o bloqueador de interferências: a calma, o silêncio e o recolhimento; o receptor dos sinais emitidos pelo Divino Paráclito: a atenção sensível e a percepção solícita e amorosa; e o transmissor da alma: a oração simples e profunda e a prece fervorosa.

O Espírito Santo está sempre emitindo as Suas ondas. É preciso, contudo, que o nosso aparelho esteja sempre ligado, sintonizado na frequência correta.

O Espírito Santo é discreto. Com frequência se manifesta em forma de suave brisa, como a Elias no Monte Horeb (1 Rs 19, 12) ou de murmúrios, como a Samuel no meio do seu sono (cf. 1 Sm 3, 10), mas nunca se relaciona no clima das interferências, chiados, ruídos, balbúrdias e dissipações. Ele nos diz: "Eu te levarei a solidão e ali falarei ao coração" (cf. Os 2, 16).

O Amor infinito de Deus, que é o Divino Espírito, quer invadir todos os corações com o Seu fogo. Não quer, porém, coagir, fazer imposições. Poderia invadir-nos com a Sua força, porque é onipotente. Mas ao mesmo tempo, ao ser infinitamente amável, suave, respeitoso, voluntariamente se impõe os Seus próprios limites com extrema delicadeza, para não diminuir a liberdade humana.

"Suponhamos que onde o Espírito Santo quer entrar", escreve o Pe. Plus,

> não há mais que loucas preocupações, estrépito, agitações, turbulências, delírio de velocidade, ativismo incessante, procura inconsiderada de ninharias que se agitam: para que Ele vai pedir audiência?
>
> Deus não se comunica com o ruído. Quando descobre o interior de uma alma obstruído por mil coisas, não tem

A FORÇA e a suavidade do Espírito Santo

nenhuma pressa em entregar-se, em ir alojar-se no meio dessas mil nimiedades. Tem Seu amor-próprio. Não gosta de colocar-se no mesmo nível da quinquilharia. Quanto mais a alma se derrama nas coisas, tanto menos insiste o Espírito Santo.

Se, pelo contrário, observa que alguém se desvencilha dessas bagatelas e busca o silêncio, Ele se lhe aproxima. Isto O entusiasma. Pode manifestar-se, pois sabe que aquela alma O ouvirá. Nem sempre se manifestará, de uma maneira patente; mas a alma, com certeza, mesmo que não claramente, será convidada a subir...

Outra razão pela qual a alma que aspira à fidelidade deverá estar recolhida, é que o Espírito Santo sopra não só onde quer, senão quando quer: em qualquer momento nos pode vir com um convite; é necessário, por conseguinte, estar atento. Não, certamente, como atenção ansiosa, mas sim sensível, inteligente, em harmonia perfeita com a sábia atividade de uma alma entregue por completo ao seu dever. "Infelizmente, a maioria das pessoas vive na janela", como dizia Frossard; preocupadas unicamente com o barulho, pelo ir e vir da rua e não dirigem nem um só olhar Àquele que, em silêncio, espera, na morada interior — com muita frequência em vão — para poder entabular uma conversa íntima.[2]

Não são poucas as pessoas que se queixam do "silêncio de Deus". A elas nós poderíamos responder que o "silêncio de Deus" — que o fato de parecer estar Deus calado, fechado, trancado como um imenso e insensível portão de bronze — depende, em não pouca medida da "falta de silêncio" por parte delas. Santa Teresa, quando o Senhor lhe falava com aquelas *loquela divinae*, palavras divinas, ficava totalmente removida e acesa. Ela pensava

---

2   R. Plus, *La fidelidad a la gracia*, Barcelona, 1951, pp. 59 ss., cit. por A. Royo Marín, op. cit., pp. 218–219.

que, se Cristo falasse assim a todos, não haveria pessoas indiferentes e frias e desta maneira o manifestou ao Senhor. Este lhe respondeu: "Teresa, Eu falo, mas elas não me escutam porque o mundo faz nelas muito barulho." E nós atrever-nos íamos a acrescentar: o mundo, o orgulho, o excesso de trabalho, o "ativismo", a ganância, a sensualidade, a preocupação desmedida pela saúde e pelo futuro fazem nelas tanto barulho que por isso elas não podem ouvir a voz do Espírito Santo. Neste caso não se escuta a Deus por dois motivos: ou o bloqueador de interferências não está funcionando, ou a sua capacidade sensorial — o seu receptor anímico — está em frequência de onda diferente daquela do transmissor divino. Já se ouviu dizer com frequência que, "quando o homem fala, Deus cala; e quando o homem cala, Deus fala".

Estar atento ao Espírito Santo: este é o grande segredo! O Pe. Sánchez, diretor espiritual de São Josemaría Escrivá em novembro de 1932, disse-lhe uma frase que o tocou: "Tenha amizade com o Espírito Santo. Não fale: escute-O..." Ficou comovido e depois de terminar a conversa foi fazendo oração pela rua... E como fruto dessa oração escreveu nas suas anotações íntimas:

> Até agora, sabia que o Espírito Santo habitava na minha alma, para santificá-la... mas não peguei essa verdade da Sua presença. Foram necessárias as palavras do Pe. Sánchez: sinto o Amor dentro de mim: e quero tratá-Lo, ser seu amigo, seu confidente... facilitar-Lhe o trabalho de polir, arrancar, de acender... No entanto não saberei fazê-lo: Ele dar-me-á forças. Ele o fará tudo, se eu quero... É claro que quero! Divino Hóspede, Mestre, Luz, Guia, Amor: que saiba o pobre burrinho (assim se considerava ele na sua humildade) agasalhar-Te, e escutar as Tuas lições, e acender-se e seguir-Te e amar-Te. — Propósito: frequentar, se possível sem interrupção,

A FORÇA e a suavidade do Espírito Santo

> a amizade e o trato amoroso do Espírito Santo. *Veni,*
> *Sancte Spiritus!...*[3]

O simples comentário de um sacerdote representou para este homem de Deus uma mudança interior. Ele já estava numa atitude aberta e receptiva, caso contrário não teria pegado imediatamente a sugestão do seu diretor espiritual, mas a partir dela tornou-se mais receptivo ainda, mais atento, mais ligado. Este é o segredo, dizíamos antes: ter o nosso receptor anímico na mesma frequência de onda do transmissor divino.

Em sentido bem diverso, dizia-me chorando uma senhora, faz pouco tempo: "Sinto-me tão abandonada por Deus, tão triste, tão largada... Parece que Deus não se ocupa de mim... eu estava esperando d'Ele uma Luz, uma consolação, uma palavra e... nada!" Eu lhe perguntei: "A senhora procura recolher-se um pouco no silêncio e na solidão?; dedica habitualmente alguns momentos para conversar com Ele?; confessa e comunga com frequência?" — "Não", respondeu-me, e eu acrescentei: "O problema não está na atitude de Deus, mas na atitude da senhora: não dá oportunidades a Deus para lhe falar..." Recomendei-lhe então, de uma forma telegráfica, o que agora recomendo a você, querida leitora, querido leitor, de uma maneira mais explícita e ampla:

- Evitar falar demais. Saber escutar a Deus e aos outros. Ter ao longo do dia pequenas pausas refrescantes, momentos de silêncio.
- Nos tempos livres não se dedicar a futilidades, nem se "entregue" à televisão. Dedique um certo espaço para ponderar em silêncio as incidências da sua vida, da sua

---

3   Cit. em P. Rodriguez, *Camino, Edición crítico-histórica*, Edit. Rialp, Madrid, 2002, p. 268.

família, do seu trabalho... Isso não impede que faça algum programa relaxante e divertido, que veja algum bom programa de televisão ou filme etc., mas "preserve" a sua identidade: não se deixe "devorar" por esses programas.

• Não permitir a obsessão pelo trabalho. Não deixar-se envolver pelo ambiente da sociedade de consumo, pela fixação psicológica dos resultados monetários do seu trabalho e pela elevação do seu status social. Não entrar na febre do "ativismo" que leva à afobação e ao apressamento. O mais eficiente quando se tem pressa é não entrar na "corrida descontrolada", na agitação... Um grande cirurgião, quando ia praticar uma operação urgente, costumava dizer: "Senhores, vamos devagar; não podemos perder um momento..." O segredo consiste em fazer em cada momento com intensidade o que está fazendo sem angustiar-se com o muito que tenha que fazer depois.

• Saber dominar a curiosidade e o desejo de novidades: no olhar, no ouvir com o intuito de experimentar continuamente novas sensações, ou deixar-se conduzir pelas notícias e imagens que aparecem sempre atrativas nos meios de comunicação... Tudo isto dispersa e carrega a mente de ilusões e fantasias e o coração de sensações anárquicas. Em determinadas pessoas, toma-se realidade o que expressivamente diz *Caminho*: parecem ter "os sentidos despertos e alma adormecida".[4] Nessa sonolência não é possível perceber as moções do Espírito Santo. Quando a sensibilidade está como que embotada pelas sensações, excitada por todo tipo de solicitações, é impossível que tenha a capacidade sensorial de perceber um toque, uma carícia do Espírito Santo. De uma maneira brutal manifesta São Paulo esta realidade: "O homem animal não percebe as coisas do Espírito de Deus" (1 Cor 2, 14).

---

4   São Josemaria Escrivá, *Caminho*, op. cit., n. 368.

A FORÇA e a suavidade do Espírito Santo

Diríamos — apesar da impopularidade dessa expressão — que o espírito de mortificação nestes casos é indispensável para ganhar essa sensibilidade capaz de captar as moções do Espírito Santo.

• Dar tempo ao tempo: não marcar prazos excessivamente curtos para as nossas tarefas. Este mau hábito acaba tirando-nos a paz e abalando o nosso sistema nervoso.

• Dar tempo a Deus e aos outros. Um homem de Deus — Mons. Dupanloup — confessava no final da sua vida: "Tenho uma atividade terrível... Devo tomar sempre mais tempo do que me parece necessário para fazer algo... Tenho feito demasiadas coisas... demasiadas coisas pequenas em prejuízo das grandes... Por nada deixemos a vida interior; sempre a vida interior antes de mais nada."[5] Que pena se no fim da nossa vida venhamos a ouvir a lamentação do Senhor dirigida pessoalmente a nós, substituindo o nome de Marta pelo nosso: "Marta, Marta, tu te preocupaste de muitas coisas, mas não fizeste as necessárias!" (cf. Lc 10, 41).

• Reservar todos os dias um espaço para a oração pessoal: uma oração que seja feita com o coração, como uma conversa amiga com Jesus onde falamos e escutamos, onde abrimos os ouvidos para escutar o Espírito Santo, para responder as Suas solicitações talvez com a pergunta que fez São Paulo ao cair do cavalo nas portas de Damasco: "Senhor, que queres que eu faça?" (At 9, 6).

• Valer-se de alguns "despertadores" da presença de Deus, para prolongar esse espírito de oração: lembrar-nos de Jesus Sacramentado quando passamos perto de uma igreja; colocar um quadro de Nossa Senhora na sala e um crucifixo nos quartos e ter o costume de lançar um olhar carinhoso e uma jaculatória, quando entramos e saímos desses cômodos; rezar o *Angelus* ao

---

5   Cit. por A. Royo Marín, op. cit., p. 220.

meio-dia; encomendar-nos à proteção do anjo da guarda ao sair de casa ou nos momentos de perigo; fazer uma oração no início e no término das refeições; e também ao acordar de manhã e ao deitar-se; invocar o Espírito Santo ao iniciar um estudo, uma palestra ou quando nos solicitam um conselho... E tantos outros artifícios que hão de tomar viva em nós a presença de Deus.

O importante é viver num estado de receptibilidade completa, não permitir que uma espécie de embotamento da sensibilidade receptora nos impeça ouvir ou ver aquilo que o Espírito Santo está querendo mostrar-nos. Há uma jaculatória evangélica que não poucas pessoas têm o costume de repetir: *Domine ut videam* — "Senhor, que veja" (Mc 10, 51). Era o que gritava o cego de Jericó repetidas vezes para que, no tumulto da multidão, Jesus ouvisse o seu clamor. Também nós poderíamos clamar: Senhor, que eu veja o que Tu queres, que tenha os ouvidos abertos, para escutar os Teus desejos...

Uma oração parecida cantamos com os jovens dos Estados Unidos, em Toronto:

> *Open the eyes of my heart, Lord Open the eyes of my heart*
> *I want to see you!*

> Abre os olhos do meu coração, Senhor Abre os olhos
> do meu coração
> Eu quero te ver...

O escritor Eduardo Galeno, no seu trabalho *O livro dos abraços*, conta uma belíssima história que me tocou profundamente:

> Diego não conhecia o mar. O pai, Santiago Kovadloff, levou-o para que descobrisse o mar. Viajaram para o

A FORÇA e a suavidade do Espírito Santo

sul. Ele, o mar, estava do outro lado das dunas altas, esperando. Quando o menino e o pai enfim alcançaram aquelas alturas de areia, depois de muito caminhar, o mar estava na frente dos seus olhos. E foi tanta a imensidão do mar, e tanto o seu fulgor, que o menino ficou mudo de beleza. E quando finalmente conseguiu falar, tremendo, gaguejando, pediu ao pai:

— Pai, me ajuda a olhar.[6]

Que boa oração é esta: Espírito Santo, ajuda-me a olhar!; ajuda-me a admirar em todo o seu extenso esplendor a maravilha desse mar repleto da infinita bondade e formosura de Deus, ajuda-me a vislumbrar essa maravilhosa paisagem interior que descortina em mim o Doce Hóspede da alma, ajuda-me a enxergar aquilo que Tu queres que eu realize para cumprir a vontade do Pai, para ser feliz, *ut videam*, que veja...! Que as minhas pupilas percam qualquer placa de opacidade, que sejam banidas essas "cataratas" da alma que me impedem vislumbrar a Tua vontade, ajuda-me a escutar lá dentro a Tua mais leve insinuação, que o barulho dos valores terrenos não me impeça sentir a música dos eternos... A toda hora, em todo momento, no meio do estrondo dos afazeres diários, das prementes solicitações das minhas responsabilidades familiares e profissionais...!

Nesta atmosfera de presença de Deus e de oração, sem dúvida, entraremos em sintonia com o Espírito Santo na Sua exata frequência de onda e não nos lamentaremos, como aquela senhora, do "silêncio de Deus" e do abandono em que a tinha deixado, segundo ela imaginava.

Estejamos atentos. Mantenhamos sempre ligada a nossa capacidade receptora e ouviremos a voz suave e mansa do Espírito Santo que continuamente nos orienta para a luz e nos encaminha para o Amor. Assim essa nossa atitude se

---

6   Citado no *Jornal do Brasil*, 21 de abril de 2002, p. 29.

assemelhará à de Samuel que, escutando o murmúrio do Espírito, respondeu solícito: "Fala, Senhor, que o vosso servo escuta" (1 Sm 3, 10).

Assim, Aquele que foi chamado "o Grande Desconhecido" tornar-se-á, sem dúvida, o companheiro de todas as horas: o Grande Amigo.

Discernimento dos espíritos

Não devemos confundir as inspirações do Espírito Santo com os movimentos e sugestões humanas que habitualmente nos transmitem a inteligência, a memória, a imaginação, os instintos, o orgulho, o desejo de notoriedade, a vaidade de sentir-se contemplado ou falado por Deus. Nem devemos pensar que recebemos determinados dons talvez imaginários, como o de profecia, de línguas ou de cura, por nossos méritos pessoais... Algumas vezes estas "inspirações" nos podem ser insufladas, sem percebê-lo, sutilmente — por que não? —, por aquele que foi denominado por Jesus o pai da mentira (Jo 8, 44). Tonquédec, um especialista na matéria, diz que o demônio pode revestir-se de mil formas, utilizar os meios mais extraordinários, mas sempre "os artifícios diabólicos realizam-se utilizando simplesmente as leis e elementos naturais. Engana, cega, corrompe, faz com que se tome o falso pelo verdadeiro, e o mal por bem" atribuindo-se a aparência de um anjo de luz (cf. 2 Cor 11, 14).[7]

Desejaríamos expor brevemente aqui alguns critérios para fazer retamente esse discernimento tão importante.

---

7   J. Tonquédec, "Algunos aspectos de la acción de Satán en este mundo", em *Satan*, obra coletiva, número especial de *Études Carmelitaines*, D D. B., 1948, p. 502.

1º. A santidade da matéria. Nem as nossas tendências naturais, nem o maligno nos poderão vir a inspirar coisas que visam a uma santidade real — não aquela aparente ou vistosa — que se exprime em obras escondidas, discretas, humildes, trabalhosas, incômodas... Pelo contrário, a vaidade, a autossuficiência, a sensualidade querem convencemos que certas ideias, projetos, sensações, relacionamentos agradáveis, sentimentos muito intensos, obras, discursos, promoções e lideranças são desejadas pelo Espírito Santo.

Se formos honestos com a nossa consciência, deveremos desconfiar das moções que estejam de alguma maneira coloridas de vaidade, de sentimentalismo ou de autopromoção.

2º. A conformidade com o próprio estado de vida e profissão. O Espírito Santo não pode inspirar algo que represente uma desordem. Como Santo Agostinho diz que a paz é a tranquilidade na ordem e que o clima do Espírito Santo é a paz, Ele não poderia suscitar, por exemplo, que uma mãe ou um pai venham a descuidar do lar para dedicar-se a funções pastorais: organizar e coordenar atividades apostólicas ou de caridade, que lhes impeçam cumprir seus deveres familiares...; ou que um profissional venha a comprometer o seu trabalho por causa das suas práticas de piedade...; ou uma religiosa ou um religioso venham a dedicar-se a um trabalho que contrarie as tarefas do seu próprio carisma ou a indicação dos seus superiores etc. etc. O Espírito Santo não constrói nunca em cima da desordem.

3º. A paz e a tranquilidade do coração. Este é um critério fundamental. São Francisco de Sales escreve:

> Um dos melhores sinais da bondade de todas as inspirações, e particularmente das extraordinárias, é a paz e a tranquilidade no coração de quem as recebe; porque

o Divino Espírito é, em verdade, violento, mas com uma violência doce, suave e aprazível. Apresenta-se como um vento impetuoso (At 2, 2) e como um raio celestial, mas não derruba nem perturba os apóstolos; o espanto que o Seu ruído causa neles é momentâneo e vai imediatamente acompanhado de uma doce segurança.[8]

Inversamente as inspirações que partem dos movimentos da natureza humana — a soberba, a autossuficiência, a vaidade, e a sensualidade — ou da natureza maligna trazem consigo a perturbação, o desassossego e a inquietação íntima.

4°. Obediência humilde. O próprio São Francisco de Sales aponta este outro critério: "Tudo é seguro na obediência e tudo é suspeito fora dela... Quem diz estar inspirado e se nega a obedecer aos superiores e seguir o seu parecer é um impostor."[9] A história da Igreja está repleta de exemplos que constatam essa assertiva: os que se desviam da reta doutrina com frequência alegam revelações e inspirações particulares e rejeitam os conselhos e recomendações da autoridade competente.

Os leigos encontrarão esse critério na orientação de um bom diretor espiritual.

5°. O parecer de um diretor espiritual é extremamente recomendável. Não é bom caminhar sozinho em nenhum terreno, mas no terreno espiritual é muito perigoso. Os caminhos do espírito são intrincados e árduos como os caminhos da montanha: não bastam os cartazes indicadores; é preciso um guia experiente, que conheça as dificuldades do percurso e que nos saiba orientar no meio dos perigos.

---

8   São Francisco de Sales, *Tratado do Amor de Deus*, Edit. Vozes, Petrópolis, 1995, liv. 8, cap. 12, p. 431.

9   São Francisco de Sales, Ibidem.

A FORÇA e a suavidade do Espírito Santo

Esse é o conselho que nos dá o Livro do Eclesiástico:

> Trata a um varão piedoso, de quem conheces que segue os caminhos do Senhor cujo coração é semelhante ao teu e se compadecerá se te vê caído. E permanecerá firme no que resolvas, porque ninguém será para ti mais fiel do que ele. A alma desse homem piedoso vê melhor as coisas do que sete sentinelas no alto de uma atalaia. E em todas elas ora por ti ao Altíssimo, para que te dirija pela vereda da verdade (Eclo 37, 15–19).

O Senhor utiliza essa direção espiritual como o veículo normal através do qual nos orienta. Assim Ele diz falando aos Seus discípulos: quem a vós escuta, a mim me escuta (Lc 10, 16). Ninguém pode ser juiz em causa própria, e o juízo pessoal é mau conselheiro, mau piloto, para dirigir a alma nas borrascas e tempestades, entre os arrecifes da vida interior.[10]

Sozinhos facilmente poderíamos desencaminhar-nos, acompanhados teremos o alento, o apoio, a segurança, o carinho, a compreensão e o acolhimento de quem orienta nossa alma. E, além disso, possuiremos a garantia da eficácia. Os apóstolos passaram uma noite inteira pescando e nada apanharam. De manhã, quando já não havia nenhuma esperança de êxito, o Senhor lhes diz onde deveriam lançar a rede. Pedro respondeu: "Passamos a noite inteira sem pescar nada, mas de acordo com a tua palavra lançarei a rede." Assim o fez e pescaram uma copiosa multidão de peixes (cf. Lc 5, 1–7).

Esse milagre se realiza em nossas vidas sempre que obedecemos às indicações do nosso diretor espiritual, porque elas, em última instância, procedem do Mestre da vida interior, do diretor dos diretores, que é o Espírito Santo.

---

10   Cf. São Josemaria Escrivá, *Caminho*, op. cit., n. 59.

Docilidade na execução

É importante distinguir as verdadeiras e as falsas moções do Paráclito, mas igualmente é fundamental executá-las. O Senhor nos diz: "pelas obras vos conhecerão" (cf. Mt 7, 16). E também: "Nem todo aquele que me diz 'Senhor, Senhor', entrará no reino dos Céus, mas quem cumpre a vontade do meu Pai" (Mt 7, 21). É esse que entrará e não o que fica em meras teorias ou sentimentos.

É preciso executar sem dilação o que o Espírito Santo deseja. Isto chama-se docilidade. Não há nada que alegre mais a um pai do que a sensibilidade prestativa de um filho. A palavra docilidade vem da raiz latina *docere*, que significa ensinar.

A docilidade vem a ser, precisamente, a capacidade de deixar-se ensinar, de deixar-se moldar como o barro nas mãos do oleiro (Jr 18, 6), nas mãos d'Aquele que é *digitus paternae dexterae*, o dedo escultor da mão direita do Pai.

O Espírito Santo, nos diz São Cirilo de Alexandria, "não é apenas um artista que molde em nós a divina substância como se fosse alheio a ela; não é assim que nos conduz a ter uma semelhança com Deus. Sendo Deus e procedendo de Deus, se imprime nos corações que O recebem, como o selo na cera, e, dessa forma, por dentro (...), restitui ao homem a imagem de Deus".[11] E é precisamente a docilidade o que Lhe permite fazer esse trabalho profundo no nosso ser.

Vários são os obstáculos que se interpõem a esta ação do Espírito:

Em primeiro lugar, os adiamentos. Quando adiamos algo, é porque reconhecemos que temos de fazê-lo e, contudo, não o fazemos. Não o faremos algumas vezes

---

11 São Cirilo de Alexandria, *Thesaurus de Sancta et Consubstantia di Trinitate*, 34, pp. 75–609.

por prudência, mas frequentemente é por comodismo, por indolência... É tão aconchegante encontrar uma desculpa para poder dizer: Sim, o farei, mas amanhã! Assim, acalmamos a nossa consciência e também contentamos a nossa preguiça. Mas no dia de amanhã podemos acrescentar outro amanhã e assim o dever vai-se adiando, adiando, até que se termina concluindo: "Agora já é tarde demais, não vale a pena..."

Na hora da morte compreenderemos que já não há mais amanhã: terminou o tempo e começou a eternidade. Então como nos lamentaremos por não ter dito sempre ao Espírito Santo: "Sim, hoje cumprirei a Tua vontade!" *Hodie, nunc*: hoje, agora!

Em segundo lugar, representa um impedimento o medo do sacrifício. A natureza tem uma relutância muito forte ao sacrifício. Não se decide a aceitar que é necessário podar a videira para que dê mais frutos (cf. Jo 15, 1–2), ou a reconhecer que o grão de trigo deve morrer na terra para ser fecundo (cf. Jo 12, 24).

Executar algo, de certa forma, é morrer como o grão de trigo.

A palavra executar, no sentido de pôr em prática alguma coisa, se iguala à palavra executar, no sentido de cumprir a sentença de morte. A identidade entre as expressões "executar uma pessoa" e "executar-se uma tarefa" nos permite fazer um jogo de palavras: temos que executar à pena de morte nossa preguiça para poder executar — realizar plenamente — a vontade de Deus, quando ela é custosa. Temos que executar, matar, o homem velho para que renasça em nós o homem novo, de acordo com a analogia de São Paulo (cf. Ef 4, 22–24). O homem velho protesta, reclama como uma criança, quando a mãe lhe tira a guloseima da boca para não prejudicar a sua saúde. Ela precisa fazer esse sacrifício, mas nem o reconhece nem o aceita. Da mesma forma murmuramos nós, quando o

Espírito Santo nos pede algo que representa um sacrifício sem ver detrás dessa renúncia um bem para a nossa alma, um remédio, ainda que amargo, para a nossa saúde. Quantos exclamam, como o escritor francês Riviere:

> Quero contentar-me com uma vida razoável... não me priveis, Senhor, dos prazeres deliciosos que já conhecia e que tanto amei e desejo voltar a experimentar... Não confundas as coisas... Eu não pertenço, Senhor, a essa classe de homem, não tenho o estofo de santo. Não me tenteis com coisas impossíveis ...[12]

Dá-nos medo a entrega, a generosidade, sem suspeitar que o Espírito Santo quer moldar em nós a magnífica figura de Jesus Cristo, sem tornar consciência de que Deus realmente não se deixa vencer em generosidade, que paga o cento por um, aqui na Terra e depois a felicidade eterna (cf. Mc 10, 30). Santa Teresa dizia: "Se uma gota desta água de Deus dá tanta felicidade na Terra, o que será ver-se mergulhada no oceano por toda a eternidade?" Quando se trata de ser generoso com Deus, sempre vale a pena.

Nunca esquecerei aquele belíssimo poema, escrito em prosa, do poeta indiano, prêmio Nobel de literatura, Rabindranat Tagore:

> Ia eu pedindo de porta em porta pelo caminho da aldeia, quando teu carro de ouro apareceu ao longe, como um sonho magnífico. E eu perguntava a mim mesmo, maravilhado, quem seria aquele Rei de reis.
>
> As minhas esperanças voaram até o céu, e pensei que os meus maus dias tinham acabado...
>
> A carruagem parou ao meu lado. Olhaste para mim e desceste sorrindo. Senti que por fim me havia chegado

---

12   S. Riviere, *à la trace de Dieu*, p. 279, cit. por A. Royo Marín, op. cit., p. 223.

a felicidade da vida. E de repente estendeste-me a mão direita dizendo: "Podes me dar alguma coisa?"

Ah! Que lembrança da tua realeza! Pedir a um mendigo! Senti-me confundido e não sabia o que fazer. Depois, tirei devagar da minha sacola um grãozinho de trigo e te dei. "Mas que surpresa a minha quando, ao esvaziar à noite a minha sacola no chão, encontrei um grãozinho de ouro na miséria do montão! Com que amargura chorei por não ter tido o coração para me dar de todo!"[13]

O Senhor nos diz: "Dai e dar-se-vos-á: uma medida boa, apertada, sacudida, transbordante, será derramada no vosso seio. Com a medida com que medirdes, também vos será medido" (Lc 6, 38).

Em terceiro lugar, representa um obstáculo à ação do Espírito Santo a falta de generosidade. O Senhor ama a generosidade. Por isso ficou tão decepcionado ante a atitude do jovem que se recusou a segui-lo por causa dos seus muitos bens. Foi então que disse: "Quão dificilmente entrarão os ricos no reino dos Céus..." (Mt 19, 23). Os "ricos" não são apenas os que têm dinheiro e estão apegados a ele; são também os egoístas, os mesquinhos, todos os que se encolhem na carapaça dos seus interesses e prazeres, os que se fecham à ação do Espírito Santo por medo das suas exigências.

Se quisermos representar plasticamente a figura do "rico", do homem instalado nos seus bens e preso a eles, a imagem da "ostra" sugere-se por si mesma: presa à rocha, imóvel, voltada inteiramente para si, limitando-se a sugar das riquezas do mar aquilo que lhe serve de alimento, devolvendo-lhe apenas os restos do que consumiu, e defendendo-se de todas as influências exteriores por uma espessa carapaça, feia, cinzenta e enrugada.

---

13 R. Tagore, *Oferenda lírica*, cit. por R. Llano Cifuentes, *A força da juventude*, Edit. Reluz, Rio de Janeiro, 1991, p. 108.

NÃO NEGAR NADA AO ESPÍRITO SANTO

O "cristão-ostra" é o mais contrário à figura do homem dócil à ação do Divino Paráclito. Em contrapartida, se quisermos representar a figura de um cristão autêntico, teremos que desenhar um homem com os braços e o coração abertos como Cristo na cruz: desprendido de tudo, como Cristo na cruz. O cristianismo é, por essência, a antítese da mesquinhez. Num cristão, a falta de generosidade não é apenas um defeito, é uma falha estrutural: impede a ação do Espírito Santo que quer moldar nele a personalidade inigualável de Jesus Cristo.

Quando "regateamos" com Deus e com os outros, sem o perceber "regateamos" com a nossa própria realização. Com a medida com que medirdes, também vós será medido (Lc 6, 38): quem dá pouco, recebe pouco, porque estreita o coração, tornando-o incapaz de receber e reter o amor que recebe. Quando somos mesquinhos com Deus e com os outros, na verdade estamos apenas sendo "pão-duros" com esse pobre indigente que somos nós mesmos... Não encontraremos aqui, porventura, a causa de tantas melancolias e frustrações inconfessadas? Por isso, a melhor maneira de sermos "egoístas" é... deixarmos de sê-lo. Tratemos melhor o nosso coração, persuadidos de que quanto mais dermos mais enriquecidos — não mais pobres — ficaremos: será derramada no nosso seio uma medida boa, apertada, sacudida, transbordante (cf. Lc 6, 38). Deveríamos estar firmemente convictos de que quanto mais nos abramos docilmente à ação do Espírito Santo — sem medo de perder a nossa autonomia e personalidade — mais altura e liberdade ganhará o nosso projeto de vida.

Às vezes, não somos apenas mesquinhos para dar o pouco que temos — apenas uns grãozinhos de trigo da nossa mísera sacola —, mas, redobrando a nossa mesquinharia, queremos porventura recuperar as poucas coisas que já entregamos a Deus. O duque de Veneza, ao

193

A FORÇA e a suavidade do Espírito Santo

tomar posse do cargo, para simbolizar o casamento da república com o mar, lançava às águas dos canais uma preciosa aliança de ouro. Mas contam que, mal terminada a festa, os mergulhadores não paravam de trabalhar até recuperá-la.[14] Como aparece claro, às vezes, esse nosso miserável egoísmo de tentar subtrair de Deus aquilo que tão generosamente tínhamos prometido!

Hernán Cortés, inversamente, ao desembarcar na costa mexicana, queimou as suas caravelas para evitar a tentação do retorno. Nós também deveríamos saber queimar a nave da nossa vida, cortar a chance de uma possível fuga, de uma covarde retirada, e olhar para frente, de acordo com o conselho do Senhor: quem puser a mão no arado e voltar a vista atrás não é digno do reino dos Céus (Lc 9, 62).

A fidelidade ao Espírito Santo reclama também avançar sempre, não questionar a entrega, perseverar no caminho empreendido. O Doce Hóspede da alma será, no meio das asperezas e dificuldades no itinerário, o nosso amável companheiro de caminhada.

Há, indubitavelmente, muitos outros obstáculos: não executar com fidelidade os desígnios de Deus, as inspirações do Espírito Santo. Não podemos fazer aqui nem sequer uma referência a todos eles, mas não gostaríamos de deixar esquecido um muito concreto que apresenta variantes e incidências mais frequentes do que se pensa: a incoerência, a duplicidade de comportamento — uma espécie de esquizofrenia espiritual —, uma atitude que suplanta o essencial pelo acidental, que troca o fim pelos meios...

Poderia referir-me agora a muitos exemplos que vivi de perto, mas prefiro citar apenas um que me parece emblemático: Kierkegaard, o primeiro filósofo existencialista, conta a história de um homem, um europeu que, viajando

---

14   Cf. A. Royo Marín, op. cit., p. 224.

NÃO NEGAR NADA AO ESPÍRITO SANTO

para o Oriente, conheceu uma moça chinesa com a qual ele se encontrou uma única vez, numa estação de trem. Ele se apaixonou por essa mulher, mas não conseguia conversar com ela. Não conhecia a língua e não podia escrever e nem receber suas cartas. Voltando ao seu país, decidiu aprender chinês para se comunicar com sua amada. Depois de muitas dificuldades, encontrou onde aprender chinês. Mergulhou no estudo da língua e tanto se esforçou que se tornou um eminente sinólogo, convidado a dar conferências no mundo inteiro sobre a língua e a cultura chinesa. Assim conseguiu escrever à pessoa dos seus sonhos. Inicialmente a escrevia com frequência e dela recebia resposta rápida e apaixonada. Mas, depois, seus estudos, suas viagens e compromissos se tornaram tantos que não mais encontrava tempo para escrever. Da outra parte, ela, com tantas mudanças de domicílio já não sabia para onde mandar as cartas. O nosso homem acabou sendo tão importante que esqueceu a mulher pela qual tinha aprendido o chinês.[15]

Esta história, que parece ser real, é, ao mesmo tempo, uma parábola dirigida a cada um de nós, porque também corremos o risco de esquecer a "chinesa" pela qual nos apaixonamos — o nosso ideal de vida, a nossa vocação humana e divina, o empreendimento ao qual generosamente nos comprometemos... — desviados por uma tarefa que era apenas um meio ou um instrumento — como a língua chinesa — para conseguir o grande fim pelo qual nos apaixonamos.

Uma figura antológica nesse sentido foi Judas: deixou tudo para seguir ao Senhor e, pouco a pouco, foi trocando o fim grandioso de sua vida — a realização de uma missão extraordinária — por um miserável dinheiro

---

15 Cf. Dolores Aleixandre, RSCJ, *Mémoire vive du "Ieu Pascal", Mystique et Taches de la Vie Réligieuse aujourd'hui*, Conferência na Unione Internazionale Superiore Generali, Roma, 3 de maio de 1998, texto poligrafado, p. 7.

A FORÇA e a suavidade do Espírito Santo

que representava um simples meio monetário. E ficou aprisionado dentro da bolsa da sua própria ambição, até o ponto de chegar a vender por trinta moedas de prata Aquele que tinha suscitado a sua vocação de apóstolo: o ser humano mais nobre e mais santo que já existiu. De alguma maneira, contudo, a postura de Judas está, em escala menor, implícita em outras muitas atitudes. A atitude do pai que, inspirado pelos melhores desejos, a fim de levar para frente a sua família, entregou-se com plena dedicação ao seu trabalho profissional, mas esse trabalho cobrou tamanha importância que veio a impedir-lhe o cuidado da família, e a atenção à esposa... O comportamento do escritor que deseja transmitir a fé através das suas publicações e acaba sacrificando essa nobre missão no altar da sua fama e da sua glória: empenha-se em editar os seus livros não tanto para que sejam úteis à formação espiritual dos seus leitores, mas sim para que estes se tornem mais vendáveis ou aumentem a sua fama pessoal: o acidental converte-se aqui em algo mais importante que o essencial. A pessoa consagrada a Deus, que começa a sua vocação com um entusiasmo e uma entrega sem limites, e termina desviando-se afetivamente devido ao apego afetivo desordenado a alguém relacionado com o seu trabalho pastoral, ou dando tanto valor aos recursos econômicos, envolvendo-se de tal maneira no êxito de suas atividades, que o seu nome, a fama e a promoção suplantam o compromisso com a santidade e com o empenho da sua missão: o envelope vem adquirir maior valor que a carta; a enxada, que é somente um instrumento de trabalho, torna-se tão grande, tão pesada, que impede a realização do mesmo.

É como se alguém que, de acordo com a parábola evangélica, vendesse tudo o que tinha para comprar um campo onde se encontra um grande tesouro escondido (cf. Mt 13, 44) e ao tentar desenterrá-lo fica tão encantado com o brilho de uma pedrinha desprezível, misturada com a terra, que esquece o tesouro pelo qual tinha largado tudo: uma loucura, uma autêntica esquizofrenia!

Há em todas estas manifestações uma infidelidade aos propósitos inspirados por Deus, uma traição à própria vocação, uma forma de contristar o Espírito Santo (cf. Ef 4, 30): a docilidade simples e direta para secundar as moções do Divino Paráclito converte-se numa complexa dualidade, numa atitude semelhante à dupla personalidade do esquizofrênico: distancia-se de forma demente do seu projeto fundamental, vivendo para o seu próprio interesse, pensando e fazendo pensar que vive para Deus.

Estes e outros posicionamentos nos impedem corresponder plenamente às moções do Espírito Santo. E desta forma frustramos em nós os magníficos projetos de Deus a respeito da nossa pessoa. Como dizíamos antes, aquela história ideal que deveríamos incorporar vem a tornar-se uma "historinha" desconexa e medíocre e aquela grande sinfonia, que poderia ter sido a nossa vida, a trocamos por uma "marchinha de carnaval", frívola e superficial... E assim, porventura, comentávamos, a morte pode surpreender-nos não havendo dado vinte passos, quando poderíamos ter dado dez mil, se tivéssemos sido dóceis ao Espírito Santo.

Abramo-nos à ação do Espírito Santo, não deixemos para outro momento o que podemos fazer na hora precisa em que Ele nos visita com as Suas inspirações; estejamos atentos à menor das Suas insinuações, sintonizando continuamente a sua "frequência de onda"; não sejamos mesquinhos, compreendamos que "amor com amor se paga", que ao receber de Deus a vida do corpo e a vida da alma, contraímos com ele uma dívida que deve ser paga generosamente; não sejamos incoerentes, não substituamos o fim grandioso de uma vida ardorosamente apostólica, por esses meios rasteiros que satisfazem o nosso interesse e o nosso egoísmo; não sejamos esquizofrênicos, levando uma vida dupla, querendo tornar compatível a vontade de Deus com a nossa própria vontade; sejamos, enfim, fiéis ao Santo e Divino Espírito que deseja para nós uma felicidade muito mais alta do que aquela que jamais poderíamos imaginar!

Reparar as nossas infidelidades e recuperar o tempo perdido

A vida humana forma um conjunto entre esses dois grandes mistérios do nascimento e da morte. Muitas existências, contudo, como acabamos de ver, são incoerentes, parecem-se a esses romances pretensiosos que começam com narrativas fantásticas e períodos pretensiosos e terminam perdidos na mediocridade ou na infidelidade. Outras, em sentido diverso, vão crescendo progressivamente, mesmo alquebradas por derrotas e malogros, e pouco a pouco, ganhando força e elevação, culminando heroicamente no cimo da santidade. Entre elas bem poderíamos lembrar a de Davi, homicida e adúltero; a de Pedro, o apóstolo negador e covarde; a de Madalena, pecadora pública; a de Paulo, perseguidor pertinaz; a de Agostinho, sensual e fornicador; e a de tantas outras menos conhecidas...

Eles souberam recuperar o tempo perdido e reparar a falta de correspondência à graça, a duplicidade de uma vida dividida ou o abuso e esbanjamento dos dons recebidos do Espírito Santo.

Alguns corações desconfiados imaginam que já não poderão subir ao grau de fervor do qual caíram por sua contínua infidelidade ao Espírito Santo. Eles não levam em conta a profunda misericórdia e longanimidade divinas:

Deus é largo em perdoar (cf. Is 55, 7–9) e a sua misericórdia plenifica a Terra (Sl 33, 5).

O autor francês Marcel Proust — na sua conhecida obra *À la recherche du temps perdu* — convida-nos a "recuperar o tempo perdido". Mas poderíamos perguntar: Não será isto tão impossível como pretender fazer voltar para trás as águas do rio que já se diluíram nas ondas do mar? Será que existe um segredo que possa realizar tamanho prodígio? Esse segredo realmente existe: é o amor, um amor que se aprofunda na dor, no arrependimento íntimo, na intensidade da reparação: David, o adúltero e homicida, expressou esse segredo nos seus salmos penitenciais impregnados dos mais sentidos lamentos de pesar por ter pecado. Santa Madalena, mulher da vida, soube recuperar o seu tempo numa existência penitente, mostrando-nos como transformar a lembrança do pecado em mortificação generosa... São Pedro fez o mesmo com aquelas lágrimas de arrependimento que duraram a vida inteira. Santa Teresa, a freira metida no desleixo religioso e na tibieza, também o fez, com os seus protestos de amor: "Senhor, que numa hora amando, apague tantos anos que passei fingindo." E Santo Agostinho, filósofo petulante e mulherengo, ministrando-nos a lição magistral dessa arte de recuperar o tempo perdido: "Para os que amam a Deus tudo coopera para o bem, inclusive os pecados" (cf. Rm 8, 28). Ele soube acrescentar ao pensamento de Paulo algo que tem servido de consolo e ajuda a milhares de pecadores ao longo da história: *etiam pecata*, também os pecados contribuem para o nosso bem, se são como o estopim que acende uma grande labareda de amor.

Nunca nos desanimemos: que a lembrança dos nossos erros e pecados não seja uma fonte de temores e remorsos, mas um ponto de ignição de um grande incêndio de amor. Deveria ser como aquela prodigiosa "máquina do tempo", inventada pela ficção científica, que consiga, com

A FORÇA e a suavidade do Espírito Santo

a intensidade do amor — segundo o desejo de Teresa de Ávila —, realizar o milagre de recuperar o tempo perdido, apoiando-nos na misericórdia de Deus. Deus é rico em misericórdia (Ef 2, 4). E esta é uma tarefa que o Doce Hóspede da alma vai operando mansamente no fundo do nosso ser, fazendo-nos compreender que para os que amam a Deus todo remorso, todo arrependimento, "todo temor está contido no amor e que a caridade perfeita expulsa o temor".[16]

Felizes são os que andam pelos caminhos abertos pelo Amor Personificado, que é o Espírito Santo!

Intensificar o amor significa, em termos concretos, estreitar as nossas relações com o Espírito Santo, sendo fiéis às suas moções nas nossas práticas de piedade, na oração, na recepção diligente dos sacramentos da reconciliação e da eucaristia, no exercício da presença habitual de Deus... Na luta ascética diária... É preciso lutar. Abandonar-nos ao Divino Consolador não significa passividade ou uma espécie de "quietismo", de "providencialismo" comodista, que fomenta a preguiça e a indolência. O amor é sempre diligente. A palavra diligência provém de uma raiz latina — *diligere* — que significa precisamente amar.

"Os santos" — diz Santo Ambrósio — "levantavam-se das suas quedas com muito mais decisão de travar novos combates, a ponto de que, longe de esmorecer o passo, redobravam a velocidade da corrida".[17]

Há uma oração conhecida em alguns ambientes religiosos, muito consoladora, em que se pede a Deus que nos conceda a graça de reparar nossas infidelidades ao Espírito Santo, através de um triplo pedido:

---

16   Santo Hilário, *Dos tratados sobre os Salmos*, Sl. 127, 1–3; CSEL 24, 628–630.

17   Santo Ambrósio, *De apologia David*, cap. II. Cf. R. Llano Cifuentes, *Não temais, não vos preocupeis*, Edit. Marques Saraiva, Rio de Janeiro, 1999, pp. 126–127.

Meu Deus, tende comigo a misericórdia e a liberdade de fazer-me reparar, antes da minha morte, todas as graças infeliz e incessantemente perdidas.

Fazei que chegue ao grau de mérito e de santidade para o qual vós me destinaste de acordo com o Vosso primeiro projeto e que eu tive a desgraça de frustrar com as minhas infidelidades. Tende também a bondade de reparar nas almas as perdas da graça que por minha culpa elas hajam sofrido.[18]

Quando sintamos o peso da nossa falta de correspondência aos toques do Paráclito, também nós podemos fazer esta oração pedindo-Lhe sentidamente que nos dê a paz, convivendo com as nossas falhas e reconstruindo a nossa vida com os escombros das próprias ruínas espirituais.

---

18 Cf. A. Royo Marín, *El gran desconocido, el Espíritu Santo y sus dones*, 4ª edição, Edit. BAC, Madri, 1977, p. 225.

CAPÍTULO X

OS FRUTOS DO ESPÍRITO SANTO

"Nós temos que dar frutos: Nisto meu Pai é glorificado,
para que deis muito fruto" (Jo 15, 8).

As virtudes e os dons do Espírito Santo nos foram dados para que déssemos muitos frutos. Para isso fomos eleitos, destinados e enviados: "Eu vos escolhi e vos destinei para que vades e deis fruto e o vosso fruto permaneça" (Jo 15, 16).

Os frutos constituem o último esforço da árvore; o mais nobre resultado que ela é capaz de produzir; o que assegura a conservação da espécie; e, na linguagem mais comum, o mais gostoso que ela pode oferecer: "Chama-se fruto" — escreve São Tomás — "o produto da planta que chega à perfeição e tem certa doçura".[1]

Nesse sentido, diz Leão XIII que "o Espírito Santo gera frutos cheios de toda doçura e júbilo".[2] É a própria Divina Sabedoria que assim o manifesta: "Vinde a mim quantos me desejais e saciai-vos dos meus frutos, porque lembrar-se de mim é mais doce que o mel, e possuir-me é mais saboroso que o favo de mel" (Eclo 24, 26–27).

Os frutos do Espírito Santo, sendo múltiplos, têm um denominador comum: a Sua suavidade, a Sua doçura, o Seu gosto saboroso. Deixemo-nos guiar pela enumeração que faz São Paulo nesse sentido: "Os frutos do Espírito Santo são: amor, alegria, paz, paciência, benignidade,

---

1 São Tomás de Aquino, *Summa Theologica*, I²II²ᵉ, q. 70, a. 1.
2 Leão XIII, Encíclica *Divinum illud munus*, 09/05/1897.

A FORÇA e a suavidade do Espírito Santo

bondade, longanimidade, mansidão, fé, modéstia, continência e castidade, e onde está o Espírito lá está a liberdade" (Gl 5, 22).

Sendo a caridade, a alegria e a paz, os frutos que emanam do dom de Sabedoria, segundo Santo Tomás,[3] e sendo este dom o mais sublime de todos eles, entende-se assim que o amor, a alegria e a paz são como que a quinta essência e o expoente superior dos outros frutos restantes. Todos eles encontram a sua característica mais atrativa, mais cativante, no amor que gera alegria e que tem a paz como raiz. São João Crisóstomo diz a respeito que "ao amor segue necessariamente a alegria, pois quem ama se alegra e goza na união com o amado".[4] Assim o proclama também São João da Cruz naquele seu elevadíssimo poema já citado por nós:

> *Oh! chama de amor vivo que ternamente feres*
> *da minha alma o mais profundo centro*
> *Oh! ditosa ventura*
> *Oh! toque delicado que a vida eterna sabe e toda pena apaga.*[5]

Deus é amor (1 Jo 4, 16). Como já anotamos, o Espírito Santo é o amor mútuo e substancial entre o Pai e o Filho. Por isso, reiteramos, Bulgakov dizia que "se Deus é amor, o Espírito Santo, na Trindade, é o Amor do Amor".[6] Por essa razão, a fonte de todos os dons do Espírito Santo é um amor repleto de júbilo que, por assim dizer, permeia todos os outros dons.

---

3 Cf. São Tomás, *Summa Theologica*, I³II³ᵉ, q. 70, a. 3; II³II³ᵉ, q. 28, a. 1 e 4; q. 29, a. 4 ad 1.

4 São João Crisóstomo, *De incomprehensibili homiliae*, 6, 3.

5 São João da Cruz, "Canções da alma e chama de amor viva", em *Obras Completas*, 2 edição, Edit. Vozes, Petrópolis, 1988, p. 37.

6 Bulgakov, *Le Paraclet*, Paris, 1976, p. 74.

A experiência inefável do Espírito Santo na alma

Uma manifestação disto que estamos dizendo é a exultação jubilosa das mulheres e dos homens que chegaram a possuir um profundo amor de Deus. O que eles sentem é tão inefável que não conseguem de forma alguma expressá-lo com palavras. Entre centenas de exemplos queria transcrever aqui alguma das expressões de Santa Catarina de Sena, uma moça ignorante, analfabeta, que, ilustrada por Deus, chegou a exprimir verdades tão elevadas que foi designada com o título excepcional de Doutora da Igreja.

Falando particularmente com o seu confessor, dizia:

> Se soubesse o que sinto...! Creio que, se alguém pudesse compreender aquilo que eu sinto interiormente, não seria tão obstinado em não acreditar, nem tão soberbo em não rezar, porque tudo o que eu sofro não tem nenhuma comparação com a dita que sinto.
>
> A minha mente está cheia de tanta alegria, de tanto júbilo que muito me maravilha que a alma permaneça ainda no corpo. É tão grande o ardor de amor que sinto na alma, que este fogo material, comparado com aquele, parece que mais refresca do que aquece.

E acrescentava: "Acende-se aqui tanto amor pelo próximo, que por ele estaria disposta a sair ao encontro da morte jubilosamente e com a maior alegria no coração".[7]

O bem-aventurado Raimondo da Capua, superior geral da ordem dominicana, diretor espiritual de Santa Catarina e o seu primeiro biógrafo, escreve que um dia

---

7   Raimondo da Capua, *Vita de Santa Caterina da Siena*, Edit. Ezio Cantagaeli, Siena, 1952, pp. 238–239.

vendo-a como que transportada pelo amor de Deus, escutou um murmúrio que repetia em latim: *vidi arcana Dei* — vi os mistério de Deus — *vidi arcana Dei*... Não acrescentava nenhuma outra palavra e continuava repetindo *vidi arcana Dei.*

Perguntei-lhe por que repetia sempre a mesmíssima frase e não acrescentava nenhuma outra explicação. E ela respondeu: "É para mim impossível dizer outra coisa ou dizê-la de outra maneira." E depois de repetida insistência para que dissesse algo mais, acrescentou: "Teria tanto remorso a expressar com nossas palavras inadequadas aquilo que tenho visto, como, por assim dizer, blasfemar do Senhor e faltar-Lhe o respeito. A distância que há entre aquilo que entende uma mente elevada e iluminada por Deus, e o que se pode exprimir com as palavras é tanta que parecem duas coisas contrárias."[8]

Não se pense que estas experiências estão reservadas a umas poucas almas excepcionais. Não é isto o que nos fala o Evangelho e o que nos revela a história do cristianismo. Jesus nos diz: "Se alguém me amar, guardará a minha palavra, e meu Pai o amará, e nós viremos a Ele e nele faremos nossa morada" (Jo 14, 23). O nosso coração pode-se tornar a morada do Doce Hóspede da alma: um verdadeiro Céu de delícias. Lembramos que Jesus também disse à Samaritana: "Quem beber a água que eu lhe der, nunca jamais terá sede, mas a água que eu lhe der virá a ser uma fonte de água que salta até à vida eterna" (Jo 4, 14). E estas palavras as diz o Senhor não a uma mulher piedosa — muito menos a uma "mística" — mas a uma mulher mundana que já tinha tido cinco maridos.

Constitui um antigo patrimônio do cristianismo, redescoberto e reapresentado novamente pelo Concílio

---

8   Ibidem, pp. 241–242.

Vaticano II — e já anteriormente pregado com extrema energia por São Josemaría Escrivá, — que todos os cristãos, seja qual for a sua condição de vida e profissão — solteiros e casados —, podem e devem aspirar à plenitude da vida cristã — à santidade. O cristão comum tem, por assim dizer, o direito a desejar a santidade mais elevada e, portanto, à plenitude da felicidade.

Qualquer pessoa, vivendo no meio das tarefas mais envolventes e menos espirituais, pode chegar a ser "contemplativo no meio do mundo", como gostava de dizer o fundador do Opus Dei. De alguma maneira, nós também poderíamos vir a dizer, como Santa Catarina, *vidi arcana Dei*: enxerguei as maravilhas de Deus, senti no paladar da alma sabores de felicidade eterna, nessa contemplação de Deus no meio dos trabalhos mais absorventes e prosaicos do cotidiano.

Já Moisés o comunicava àquela multidão de israelitas no meio do deserto: Amar a Deus com todo o teu coração e com toda a tua alma não é algo que está lá no céu, nem do outro lado do mar, para que possais alegar: quem poderá alcançá-lo? Ao contrário está bem ao teu alcance, está em teu coração (cf. Dt. 30, 10–14). E nós poderíamos acrescentar: está precisamente no templo vivo do Espírito Santo que é a tua alma.

A alegria brota da fonte do Amor, que reside no coração, onde o Doce Hóspede faz a sua morada. Esta é uma experiência que se vem repetindo ao longo de vinte séculos e que podemos verificá-la cada dia, ao nosso lado, entre pessoas das mais variadas condições de vida. Entre mil exemplos, transcrevo o extrato de uma carta escrita por um professor da universidade de Duquesne nos Estados Unidos, depois de uma experiência espiritual na qual se operou uma verdadeira conversão pessoal para a santidade e uma completa disponibilidade ao Espírito Santo:

A FORÇA e a suavidade do Espírito Santo

Eu tenho notícias boas demais para serem guardadas... Nossa fé reviveu. Nossa fé transformou-se como numa verdadeira Sabedoria. Repentinamente o mundo do sobrenatural tornou-se mais real do que o mundo natural: Jesus Cristo é para nós uma pessoa real, uma verdadeira pessoa viva que atua nas nossas vidas.

A oração e os sacramentos vieram a ser verdadeiramente o nosso pão de cada dia, no lugar de práticas que eram somente reconhecidas como "boas para nós". Estamos sentindo agora um amor às Escrituras, um amor à Igreja de tal intensidade que nunca pensei que isto fosse possível. Estamos experimentando uma necessidade de dar testemunho para além de qualquer expectativa... Tudo isso veio a tornar-se parte das nossas vidas. A nossa experiência não foi, em hipótese alguma, emocional, mas uma verdadeira conversão. De fato a vida toda, não apenas os sentimentos, ficou transformada e repleta de calma, de segurança, alegria e paz...

Um dos surpreendentes resultados foi um retiro comum, num fim de semana, que fizemos para cerca de vinte e cinco estudantes. Focalizamos o texto dos Atos dos Apóstolos capítulos 1 a 4 e aguardamos a chegada do Espírito Santo. Antes de cada palestra, nós cantávamos o *Veni Creator Spiritus* com todo o fervor. Não fomos desapontados. O que aconteceu no capítulo 2 dos Atos, aconteceu também conosco. Devo esclarecer que, três meses antes, os estudantes que participaram desse retiro, tinham mesmo dúvidas sobre a existência de Deus e não queriam ouvir falar em oração...

Mas nós recebemos também "uma chuva de carismas" (1 Cor 12, 1–14). E os participantes já estão espalhando no campus universitário essa experiência maravilhosa...

Em quase todas as noites das sextas-feiras, fazemos uma reunião de oração... nunca ouvi rezar com tanto fervor nem com tanto amor...[9]

---

9   Citada por P. Gallagher Mansfield, *Como um novo Pentecostes*, 3ª edição, Edit. Louva-a-Deus, Rio de Janeiro, 1995, p. 30.

OS FRUTOS DO ESPÍRITO SANTO

Depois de transcrever a carta anterior, não resisti à tentação de acrescentar mais uma redigida por uma professora da mesma universidade. Mensagem entrecortada, como se saísse do coração de forma intermitente, estimulada pelo ímpeto de uma forte experiência de Deus:

Obrigada, meu Deus!

Eu pedi um milagre, e você me deu.

Você veio, e agora eu sei: Deus é real! Você, meu Senhor, me tomou em Seus braços. Por que eu? Eu verdadeiramente não podia acreditar. Eu não podia realmente pensar que um milagre acontecesse! Que acontecesse aqui, agora — e muito menos comigo.

Talvez seja por isso que você veio a mim, para que outras pessoas por meu intermédio, pudessem crer. Porque se você pode vir para esta egoísta e pecadora que sou eu, então é porque você pode vir para todos. Ajude-nos a implorar para que se preencham as ansiedades dos nossos corações. Use-nos como sinais.

Dá-me tanta paz estar com Você! Fique conosco! Eu não mereço isto, mas eu Lhe agradeço. Agora eu estou saboreando a Sua bondade. Eu caio prostrada diante da Sua presença, minhas mãos estão ardendo de fogo, meu coração está batendo forte. Eu estou, meu Senhor, comovida com a embriaguez do Seu Amor. Ajude para que todos, em toda parte, conheçam Você, meu Senhor.

Há uma nova força dentro de mim. É o Seu Espírito. Eu sei que ainda sou fraca, que eu terei muitas dificuldades pela frente, mas não me deixe nunca parar de procurar essa força.

Grande conforto. Paz, tranquilidade. Como é bom o Senhor! Talvez eu possa ajudar outros a conhecer Você, Senhor. Ajude-me a entender que, no momento, não sou eu que atuo, mas Você em mim. Você é real. Você existe. Agora Você vive em mim. Deixe-nos rezar para que se realize a Sua vontade em todos os homens. Que o Seu Espírito venha para cada um e para todos, quando quiser

A FORÇA e a suavidade do Espírito Santo

> e como quiser! Obrigada. Muito obrigada por esse dom que Você me deu. Aumente, constantemente, a chama que tenho dentro do meu peito. Ajude-me a não ser medrosa, covarde, pecadora porque quero permanecer com Você eternamente.[10]

Compreendemos que as experiências que acabamos de transmitir possam parecer excessivamente emotivas, fruto de momentos de fervor transitórios, de uma força espiritual que a maioria dos cristãos talvez não venham nunca a sentir. Concordamos com essa apreciação. Esse fervor sensível não faz parte necessariamente dos caminhos ordinários da santidade, mas verdadeiramente existe. O seu valor ganha consistência quando traz consigo uma autêntica conversão, uma mudança de vida permanente, que está por cima das flutuações emotivas. Deus outorga em ocasiões favores de especial sensibilidade — "mais doces que o mel" (Eclo 24, 26) — para incentivar a nossa entrega e dar-nos força quando nos abençoa com a Sua cruz. Assim aconteceu a Pedro, Thiago e João no Monte Tabor. Talvez a palavra mais segura sobre essa matéria a tenha pronunciado o Santo Cura d'Ars. Ele, favorecido com graças elevadíssimas, esclarece: "Quando não se sentem consolações, serve-se a Deus por Deus; quando se sentem, há perigo de servi-Lo pelo próprio interesse." No entanto — esclarece o seu biógrafo Trochu — "estas íntimas doçuras o ajudaram a viver; eram para ele como um penhor da amizade de Deus e das suas adoráveis condescendências".[11]

Para ser santo não é necessária a experiência do Tabor. Mas quem a viveu tem que dar graças a Deus, porque recebeu um grande favor. O que não podemos fazer é reduzir

---

10   P. Gallagher Mansfield, op. cit., p. 49.

11   F. Trochu, *El Cura de Ars*, Edit. Palabra, Madri, 1984, p. 397.

esses momentos sublimes ao nível do "sentimentalismo", do "falso misticismo" ou até do "histerismo". Não quer dizer que não existam "misticismos históricos", mas não se pode equiparar esta manifestação psicológica às autênticas moções do Espírito Santo, como o foi aquela inigualável embriaguez que dominou os apóstolos no dia de Pentecostes. Os ignorantes gozavam deles, dizendo: "estão bêbados" (cf. At 2, 13). A ignorância e a ironia sempre existiram. Mais ainda no momento cultural em que nos encontramos. Mas não esqueçamos que há uma loucura santa e uma embriaguez divina, assim como existe uma perturbação emocional e um fervor histérico. O critério de discernimento entre umas e outras manifestações é este: a perseverança. Perseverar no amor de Deus, no fervor e na secura, no êxito e no fracasso, na saúde e na doença, nas doçuras da primavera e nas asperezas do mais rigoroso inverno, é a garantia da autêntica piedade.

A alegria e a paz

Esta experiência feita numa universidade americana, que poderia ter acontecido em qualquer latitude geográfica, nos indica claramente que esses dons do Espírito Santo e os Seus frutos de amor jubiloso, não são, insistimos, experiências reservadas a tempos históricos determinados, nem limitados a pessoas com uma personalidade "mística" especial. Podem ser fenômenos normais da vida cristã.

É surpreendente que um filósofo como Fichte nos diga que "a vida é necessariamente feliz — infeliz é só a morte —; e o centro da vida é o amor. E o amor é Deus. (...) A vida verdadeira vive assim em Deus e ama a Deus; já a vida aparente vive do mundano e tenta amar o mundano."[12]

_____
12   Citado por Julian Marías, *La felicidad humana*, Edit. Alianza, Madri, 1981, p. 127.

A FORÇA e a suavidade do Espírito Santo

Se este pensador identifica vida e felicidade, felicidade e amor, amor e Deus, nós podemos, com mais precisão, identificar felicidade e santidade, já que a santidade não é senão o amor vivido na sua mais absoluta plenitude.

A santidade e a alegria são diretamente proporcionais: mais santidade, mais alegria; os muito santos são sempre os muito felizes. O ferro, quanto mais perto do fogo, mais quente. Quando está dentro dele, torna-se rubro: vermelho vivo como o próprio fogo. Assim o amor: quanto mais perto de Deus, mais ardente. E o foco desse fogo de amor é o Doador das graças que reside no nosso templo interior.

A exultação do coração humano no fogo do amor de Deus chama-se entusiasmo. É belo compreender que a chamada universal à santidade — ao amor — é a chamada universal à alegria: Deus quer que todos sejam felizes quando diz: "Sede perfeitos como Vosso Pai celestial é perfeito" (Mt 5, 48). Em contrapartida, "só há uma tristeza: a de não sermos santos", dizia Léon Bloy.[13]

Conseguir a santidade é amar a Deus com todo o coração, com toda a alma e com todas as forças, e ao próximo como a nós mesmos (cf. Mt 22, 37). E é isso o que nos torna felizes... Que coisa mais entusiasmante poderíamos dizer ao nosso coração — sedento de amor — senão que a felicidade que o espera reside num amor largo e profundo, extenso e dilatado como o mar infinito de Deus?

Reparemos que todos os amores nos estão chamando para esse outro grande Amor... Assim é. Quer se trate do amor que se expande em forma de exaltação poética ou daquele que nos eleva em forma de doação — como o amor de uma mãe —, quer se trate do amor suscitado pelo encanto de uma criatura humana, ou pela paixão de um coração ardente..., eles trazem-nos a felicidade

---

13   Léon Bloy, cit. em Raïssa Maritain, *As grandes amizades*, Edit. Agir, Rio de Janeiro, 1952, p. 73.

OS FRUTOS DO ESPÍRITO SANTO

na medida em que nos conduzem a esse outro grande Amor com maiúscula, ao Amor personificado, que é o Espírito Santo.

A presença amorosa muda a vida; o segredo da existência é ter sempre essa presença, é não perdê-la nunca. Porque "quando o amor nos invade", diz Goethe, "tudo parece mais novo, mais alegre, os deveres mais sagrados (...), os conhecimentos mais claros, os talentos mais patentes e os propósitos mais decididos".[14]

Se queremos ter uma profunda alegria de viver, temos ao mesmo tempo de procurar uma profunda vivência do amor. Se alguém me pedisse uma fórmula breve para superar todos os desgastes e tristezas da vida, dar-lhe-ia simplesmente esta: apaixone-se e reencontrará a alegria de viver. Todos os amores limpos da terra — potentes geradores da única alegria — são como centelhas dessa infinita fogueira de Amor que é Deus. Os santos são felizes, porque "trazem Deus em si; a sua alma é um céu de alegria porque Deus habita nela".[15]

"No rosto de um homem apaixonado, os olhos brilham de alegria."[16] Foi esse brilho que Josef, um soropositivo — a quem já nos referimos —, viu nos olhos da Irmã Ananda, humilde indiana, filha espiritual da Madre Teresa de Calcutá, que se desvivia cuidando dele; a sua abnegação não tinha limites e nas suas pupilas Josef via sempre o brilho de uma alegria constante: estava apaixonada por Deus e pelos seus irmãos os homens. E, um dia, já agonizante, esse enfermo disse à Irmã a frase que depois dariao título a um livro famoso: "Vocês estão muito além do amor."[17]

---

14   Goethe, *Sobre el amor incipiente de Wilhem Meister hacia Marianne*, p. 72.

15   Santo Agostinho, *In Psalm.*, 22.

16   Cf. São Josemaria Escrivá, *Sulco*, Edit. Quadrante, São Paulo, 1987, n. 94.

17   Dominique Lapierre, *Muito além do amor*, Edit. Salamandra, São Paulo, 1992, p. 361. Estas ideias foram desenvolvidas no nosso livro *A alegria de viver*, Edit. Quadrante, São Paulo, 1993, pp. 3 e 5.

A FORÇA e a suavidade do Espírito Santo

A vibração cristã que parte do Amor de Deus — do Espírito Santo —, está muito além do simples amor humano: ultrapassa-o e supera-o. É isto o que nos comunica a força para lutar e a alegria de viver; o que dá sentido e estabilidade aos amores nobres da Terra: é o sentido da vida, a quinta essência da vida. O profeta Davi cantava — talvez dançasse enquanto cantava — algo que lhe saía do mais fundo do seu ser: "O meu coração e a minha carne exultam em Deus vivo" (Sl 83, 3). As alegrias de Deus não se limitam ao espiritual, ao vértice da alma, mas também comprometem o corpo, as vísceras, o coração até tal ponto que exultam, vibram, se entusiasmam. Para o pensamento greco-latino, o entusiasmo era algo tão sublime que ultrapassava a limitação humana e entrava no domínio do divino. Por esta razão a palavra entusiasmo provém da raiz grega *en* + *theos* + *ásthama*, que designa aquele que traz "dentro de si o sopro de Deus". "Sopro" é a origem da palavra *spiritus*. Ter dentro de nós o sopro de Deus é ter em nós o Espírito Santo. Na plena acepção do termo, entusiasmo expressa, pois, esse endeusamento, esse deixar-se arrebatar pelo furacão do Amor substancial de Deus que é o Espírito Santo.

Um antecipado sabor de felicidade eterna

Deus é como um potente ímã que tudo quer atrair a si. O homem, ao ser livre, pode aproximar-se ou afastar-se d'Ele. E na medida em que a distância diminui, mais e mais vai sentindo-se magnetizado pela felicidade infinita que irradia.

Como já anotamos, a felicidade está em razão inversa à distância que nos separa de Deus.

OS FRUTOS DO ESPÍRITO SANTO

Num sentido semelhante, ao qual já nos referimos, São Tomás escreve que a autêntica alegria é como um antecipado gosto da felicidade eterna, uma antessala do Céu; penhor que confirma a alma em sua esperança de ir um dia a submergir-se por toda a eternidade na própria fonte da alegria. Esta seria a realização perfeita, a eterna estabilidade. Aqui embaixo encontramos o preâmbulo, a degustação inicial, nas sombras da fé.[18]

Não é esta uma afirmação teórica. Os exemplos que nos apresenta o Evangelho se repetem hoje ao nosso lado: a Madalena que rompe generosamente o riquíssimo frasco de alabastro cheio de perfume — símbolo de uma triste vida de prazeres — e que, depois desta entrega, começa a chorar de amor e de alegria, representa um violento contraste com a figura de Judas, que aperta entre suas mãos a bolsa de trinta moedas, preço da traição, e termina enforcando-se, desesperado. João — que abandona os seus barcos e as suas redes, os projetos de seu coração jovem, para seguir ao Senhor e termina convertendo-se no discípulo amado de Jesus, inundado de alegria (cf. 1 Jo 1, 4), — se contrapõe ao pobre jovem rico que, por não saber renunciar a seus haveres, foi-se embora triste (Mc 10, 22) e acaba a sua vida afogado na melancolia.

São as realidades de cada dia. Porque a nosso lado convivem as Madalenas e os Judas, os tristemente ricos de si mesmos e os felizmente ricos de Deus.

Mas não se pense que a alegria a que nos referimos é uma espécie de alegria rara, transcendental, puramente espiritual. É, sim, uma alegria profunda, mas não teórica: sente-se realmente, como se fosse aberta uma nova rede de vasos sanguíneos que irrigassem todo o organismo de júbilo e despertasse as fibras adormecidas da sensibilidade. É uma alegria que tem a propriedade de descobrir

---

18   Cf. São Tomás de Aquino, *Suma Theologica*, I^aII^ae, q. 69, a. 2.

A FORÇA e a suavidade do Espírito Santo

nas coisas mais insignificantes um motivo de gozo: no trabalho profissional, no trato de amizade ou de carinho, nas relações conjugais, nos pormenores afetuosos da vida familiar, no esplendor da natureza e da beleza humana e até na própria dor purificadora sabe encontrar um "algo" divino e encantador.

Alguém, talvez muito espiritual, poderia dizer que essas alegrias materiais têm um caráter puramente acidental e transitório. E não sem razão. Mas quem vive as outras alegrias essenciais e possui o sentido cristão da vida não as despreza, porque são fruto do Espírito Santo, e as eterniza, porque sabe convertê-las em Amor, com maiúscula.

Não é uma alegria naturalista, de animal são,[19] senão uma ressonância cordial da vivência d'Aquele que é Doador de todos os dons, "descanso na luta e na paz encanto, no calor a brisa, conforto no pranto",[20] uma vibração capaz de alterar os sentimentos mais íntimos e, como diziam os médicos antigos, os nossos humores.

Converter o caráter de nossos pensamentos numa situação habitual de bom humor é uma coisa muito séria: dá a todos os sucessos uma perspectiva otimista. Sabe filtrar dos acontecimentos o positivo e rejeitar implacavelmente as depressões doentias. Cria o hábito de descobrir o lado bom que têm as pessoas e as coisas. Não cobre de sombras o presente com apreensões de um futuro que abandona nas mãos de Deus. Passa rapidamente da preocupação à ocupação, logo superando a preguiça. Apaga em seguida a faísca que pode provocar uma controvérsia. Ensina-nos a agradecer os males que não nos alcançam em vez de lamentar-se dos bens de que somos privados. Ajuda-nos a oferecer a Deus, com espírito esportivo, as dores e dificuldades; a levar com garbo a encosta das segundas-feiras

---

19   Cf. São Josemaria Escrivá, *Caminho*, op. cit., n, 659.

20   Sequência da missa da Solenidade de Pentecostes.

e o cansaço das sextas; a não dar muita importância às gripes trimestrais e às enxaquecas semanais; a encontrar esses momentos de descanso e de lazer, essas pausas que refrescam; a rir um pouco de nós mesmos, do ridículo que somos às vezes e a rir também das pequenas moléstias e das desatenções do próximo...

Por isso a alegria de que falamos não é a alegria beata do artificial, a alegria pueril ou ingênua, senão a tradução prática e amável daquele lema de São Paulo "para os que amam a Deus tudo coopera para o bem" (Rm 8, 28).

É assim que todos os acontecimentos — especialmente as lágrimas que ocasionam — acabam por converter-se em afluentes daquele grande rio de paz que desemboca no mar da infinita felicidade de Deus. E desse modo entende-se também que, no meio das sombras desta vida, se comece a sentir na Terra um antecipado sabor de Céu. Quanta razão, pois, para que alguém que viveu a plenitude da alegria no meio dos sofrimentos, possa ter escrito: "Estou cada vez mais persuadido disto: a felicidade do Céu é para os que sabem ser felizes na terra."[21]

Desta forma a alegria, a despeito de todas as desventuras, chega a ser plena e permanente. É a alegria do trabalho criador posto a serviço dos outros. É a alegria da contra-riedade e da dor, que acabam por tornar-se cruz redentora. É a alegria que brota desse domínio próprio, forte e tenso, que supera gostosamente o mundo do puramente material e biológico. É a alegria de nos convertermos com esforço em semeadores de paz e em construtores de uma nova "civilização do amor". É a alegria do dia a dia, desse bom humor que, unido ao sacrifício, ao carinho e ao bom senso, se revela como uma forma superior de inteligência que transmuda o caráter dos nossos pensamentos e atitudes,

---

21 São Josemaria Escrivá, *Forja*, Edit. Quadrante, São Paulo, 2016, n. 2005, p. 307.

A FORÇA e a suavidade do Espírito Santo

desfazendo tempestades e desanuviando ambientes abafados. E é especialmente a alegria de amar. De amar esta Terra bonita que Deus nos deu como patrimônio; de amar os nossos irmãos os homens, dando-se generosamente. A cálida alegria de amar — como fundamento e resumo de todas as alegrias — a beleza, a perfeição, o poder, a sabedoria de um Deus que é para mim Pai e Mãe, infinita e incansável fonte de onde brota todo o amor existente.

Isto é entusiasmo: a plenitude da alegria.

Entusiasmo, já o dizemos, significa, na sua raiz grega, endeusamento, Deus dentro de nós: a força de Deus, a vibração e a alegria de Deus dentro de nós. Compreendemos que, em última análise, a fonte do verdadeiro entusiasmo cristão, da esplêndida alegria de viver está n'Aquele Amor substancial de Deus, n'Aquele Doce Hóspede da alma que vive mais dentro de nós do que nós mesmos?

Um incêndio de amor

Em Pentecostes, o Amor substancial de Deus, que é o Espírito Santo, se manifestou em forma de línguas de fogo. E aquele fogo, que ardia na cabeça e no coração dos apóstolos, foi-se espalhando de pessoa em pessoa, de bairro em bairro, pela Palestina, pelas regiões limítrofes e pelo Império Romano todo. E em não muito tempo invadiu o norte da África, a Europa e a Ásia até então conhecida, desde a Hispânia até a Índia, e, saltando de continente em continente, veio a cobrir o mundo todo e chegou até nós.

O amor é expansivo como o fogo, reiteramos: ou cresce ou morre, ou se alastra e queima coisas novas ou se apaga. O incêndio de Amor foi o que fez São Francisco Xavier — é só um exemplo — ao empreender as suas viagens da Europa até as terras desconhecidas do oriente... Vai de Goa para Manar, de Malaca e às ilhas Malucas até o Japão... E agoniza na ilha de Lanciau, devorado pela febre corporal e pela febre do Amor, enquanto, impaciente, olhava fixamente para a costa da China na qual ardia em desejo de chegar a conquistar para Cristo... Morreu dizendo simplesmente: Jesus.

Quando em 1546 lutava insistentemente para conseguir um navio que o levasse até às ilhas Molucas e ninguém o facilitava, encarou aqueles comerciantes europeus com extraordinária energia, dizendo-lhes: "Se naquelas ilhas houvesse ouro ou prata, vós me conseguiríeis em seguida um navio, mas como só há almas para salvar, não tendes nenhum interesse... ficais apáticos... Pois bem, se não me dais um navio, eu irei a nado..." Conhecendo aqueles homens a sua firme determinação, e observando a sua atitude decidida de levar à prática a sua afirmação, tiveram que oferecer-lhe imediatamente o navio necessário... Assim foi como conseguiu converter milhares de indígenas — tribos inteiras de canibais — entre perigos de morte, lá em Amboino, Temate e Morotai...[22] Desta maneira procedeu aquele que foi denominado por Pemán, um dos seus biógrafos, o divino impaciente.

De modo semelhante procede também qualquer cristão que ama apaixonadamente a Cristo: como o fogo, ele não pára de comunicar zelosamente a verdade que lhe queima dentro: é também ousadamente impaciente.

Queremos medir a qualidade do nosso amor a Deus? Avaliemos a profundidade e a extensão do nosso apostolado; reparemos na determinação com que nos empenhamos em ultrapassar os obstáculos que se apresentam no nosso trabalho evangelizador; perguntemo-nos se

---

22 V. Louis de Wold, *El oriente en llamas: biografia novelada de San Francisco Xavier*, Edit. Palabra, pp. 274 ss.

A FORÇA e a suavidade do Espírito Santo

sabemos passar por cima da inércia dos que nos rodeiam, do materialismo, da indiferença, da frieza e do hedonismo que parecem dominar o ambiente, da falta de recursos humanos e materiais...; analisemos especialmente se nos empenhamos em superar a nossa natural apatia, alimentada pelo cansaço e o *stress* do nosso viver diário... O amor, quando é grande, consegue saltar essas barreiras, da mesma maneira como o fogo se alastra por todo lugar, contornando rios e penhascos, procurando imperiosamente o que necessita para queimar: é um problema de subsistência, de sobrevivência. Francisco Xavier e todos os que foram autênticos apóstolos superaram, desta forma, os mais fortes obstáculos e sofreram as tribulações mais intensas, com a mesma determinação com que Paulo procedia: a sua vida era a sua missão. Por isso clamava: "Ai de mim senão evangelizar" (1 Cor 9, 16). Porque, se não evangelizava, morria. Esse fogo que o devorava por dentro — o fogo de Pentecostes — tinha que chegar aos confins da Terra... Assim agiram Paulo, Francisco Xavier e milhares que os precederam e os seguiram depois, de todas as épocas e latitudes... E esse mesmo espírito há de estar presente em cada um de nós, seja qual for a nossa situação, sem que tenhamos o nome de missionários nem que sejamos conhecidos como apóstolos: o ardor apostólico é algo inerente, essencial, a todo aquele que leva o nome de cristão.

Não nos esqueçamos nunca das dificuldades imensas que tiveram os discípulos de Jesus depois de Pentecostes... Eles morreram mártires precisamente porque tiveram a coragem de evangelizar no meio das maiores contrariedades e perseguições.

Não nos cansaremos de repetir que a expansão é tão essencial ao Cristianismo quanto ao fogo. "É tão absurdo", comenta São João Crisóstomo, "dizer que um cristão não pode evangelizar, como dizer que o sol não pode queimar ou comunicar a sua luz".

É um fato plenamente comprovado na vida de alguns santos que a violência do seu amor a Deus se manifestava às vezes exteriormente na forma de um fogo abrasador que caldeava e até queimava materialmente a carne e a roupa próxima do coração: é o mesmo fogo que crepitava na cabeça dos apóstolos no dia de Pentecostes. Assim com essa didática soberana, Deus nos faz vislumbrar no fogo o símbolo do amor.

Santa Brígida sentia ardores tão vivos em seu coração que não percebia o frio intenso da Suécia. São Wenceslau, duque de Boêmia, dirigindo-se a noite à igreja com os pés descalços, através da neve, ia deixando nela as pegadas ensanguentadas dos seus pés, e como o seu acompanhante se queixasse do fortíssimo frio que sentia, o santo lhe recomendou que procurasse pisar sempre em cima de suas pegadas; e assim deixou imediatamente de sentir frio. O coração de São Paulo da Cruz ardia de tal modo no fogo do Amor que, mais de uma vez, a parte correspondente de sua túnica de lã apareceu completamente queimada e duas de suas costelas apresentavam uma notável curvatura no lado esquerdo. Algo parecido aconteceu com São Felipe Neri. Podiam sentir-se fisicamente as fortes batidas do seu coração, quando realizava alguma função sagrada ou falava das coisas de Deus, de tal maneira que comunicava uma vibração sensível aos objetos que estavam à sua volta. Ao praticar-lhe a autópsia após a sua morte, os médicos repararam que a quarta e a quinta costelas esquerdas estavam quebradas e separadas entre si. Neste espaço alargado, o seu coração — que era de um tamanho e força muscular extraordinários — podia dilatar-se com mais amplidão.[23]

---

23   Cf. A. Royo Marín, *Teologia de la Perfección Cristiana*, op. cit., pp. 926 e 927.

A FORÇA e a suavidade do Espírito Santo

Compreendemos que tais fenômenos possam ser julgados insólitos e talvez estranhos. Concordamos. Mas a sua verificação histórica incontestável mostra que a realidade dos fatos confirma essa extraordinária didática de Deus: Ele quer demonstrar assim que o Amor é ardente como o fogo.

Nós não devemos pensar que estas experiências surpreendentes sejam de forma alguma necessárias para o desenvolvimento da nossa vida espiritual, mas deveríamos ponderar que é próprio de todo cristão autêntico procurar intensificar esse ardor missionário — simbolizado pelo fogo e o calor que dilata o coração — de que nos fala continuamente João Paulo II, imprescindível para um trabalho evangelizador à altura dos imensos desafios que se levantam diante de nós. Em face da nossa indiferença e tibieza, seria necessário pedirmos ao Espírito Santo Sua força e o Seu calor, repetindo aquela oração tão conhecida por nós: "Vinde Espírito Santo, enchei os corações dos vossos fiéis, acendei neles o fogo do vosso amor..."

São Geraldo Magela, na sua última doença, tratada pelo dr. Santorelli, foi indagado por ele a respeito da frequência dos seus suspiros. "Ah" — foi a resposta — "eu desejaria estar no alto de uma montanha, para com os meus suspiros incendiar ao mundo inteiro".[24]

Incendiar o mundo inteiro! É isso o que desejava Cristo: "Fogo vim a trazer à Terra e que outra coisa não desejo senão que tudo arda!" (Lc 12, 49).

E nós o que fazemos? Não reparamos que esse fogo está-se apagando em muitos lugares? Não sentimos como cristãos a pungente responsabilidade que desperta em nós aquele ponto de *Caminho*?: "Que a tua vida não seja uma vida estéril. — Sê útil. — Deixa rasto. — Ilumina com

---

24 J. Brandão de Castro, *Vida de São Geraldo Magela*, Edit. Santuário, Aparecida, 1977, p. 85.

o resplendor da tua fé e do teu amor... — E incendeia todos os caminhos da terra com o fogo de Cristo que levas no coração."[25] Deixar rasto! Iluminar! Incendiar com o amor de Deus todos os que nos rodeiam! Que grande destino!

Talvez, contudo, sintamos a nossa incapacidade ou a decepção de tantas tentativas frustradas... Porém o autor desse pensamento de *Caminho* — São Josemaría Escrivá — sai ao encontro dessas nossas possíveis decepções e desânimos, provocadas em nós pela indiferença reinante e o malogro do trabalho de cristianização, falando de uma experiência pessoal. Refere-se a ela numa homilia dedicada ao Espírito Santo — *O Grande Desconhecido*:

> Um dia, um amigo de bom coração, mas que não tinha fé, disse-me, apontando para um mapa-múndi: "Veja! De norte a sul e de leste a oeste!" "Que quer que veja?", perguntei-lhe. Respondeu-me: "O fracasso de Cristo. Tantos séculos procurando introduzir a sua doutrina na vida dos homens, e veja os resultados." Num primeiro momento enchi-me de tristeza: é uma grande dor, com efeito, considerar que são muitos os que ainda não conhecem o Senhor e que, dentre os que O conhecem, são muitos também os que vivem como se não O conhecessem.
>
> Mas essa sensação durou apenas um instante, para dar lugar ao amor e ao agradecimento, porque Jesus quis fazer de cada homem um cooperador livre da sua obra redentora. Não fracassou: a sua doutrina e a sua vida estão fecundando continuamente o mundo. A redenção que Ele levou a cabo é suficiente e superabundante.[26]

---

25 São Josemaría Escrivá, *Caminho*, 13ª edição, Edit. Quadrante, São Paulo, 2022, p. 19.

26 São Josemaria Escrivá, *É Cristo que passa*, homilia "O Grande Desconhecido", Edit. Quadrante, São Paulo, 2023, p. 201.

A FORÇA e a suavidade do Espírito Santo

Sim, ele nos adverte que não podemos deixar-nos dominar pelo desânimo, por essa sensação de derrotismo, que devemos confiar no potencial renovador do Cristianismo e no valor redentor dos seus recursos evangelizadores.

Mas poderíamos perguntar-nos: concretamente, quais são esses recursos que deveremos utilizar? E responderíamos: esses recursos são os mesmos que possuíam aqueles rudes apóstolos depois do dia de Pentecostes: o fogo ardente do Espírito Santo e os carismas que traziam consigo: *Non est abreviata manus Domini*, "não se tornou menos eficaz a mão de Deus" (Is 59, 1). Deus não é hoje menos poderoso do que em outras épocas, nem é menos verdadeiro seu amor pelos homens.[27]

Não nos esqueçamos, contudo, de que o dispositivo que põe em movimento esse poder incomensurável de Deus é a fé: uma fé que, embora pequena como um grão de mostarda, arrasta montanhas (cf. Mt 17, 20).

"Se tivéssemos uma fé firme e experimentada" — continua dizendo textualmente o autor da homilia *O Grande Desconhecido* —

> e se déssemos a conhecer Cristo com audácia, veríamos como continuam a realizar-se diante dos nossos olhos milagres como os da era apostólica. (...)
>
> Porque também hoje se devolve a vista aos cegos, que haviam perdido a capacidade de olhar para o céu e contemplar as maravilhas de Deus; também hoje se dá liberdade aos coxos e entrevados, que se achavam tolhidos por suas paixões e já não tinham um coração que soubesse amar; também hoje se dá ouvido aos surdos, que não desejavam ter notícia de Deus; e se consegue que falem os mudos, que tinham amordaçada a língua por não quererem confessar as suas derrotas; também hoje se ressuscitam mortos, em quem o pecado havia

---

27 Cf. Ibidem.

destruído a vida. Mais uma vez se verifica que a palavra de Deus é viva e eficaz, é mais penetrante que qualquer espada de dois gumes (Hb 4, 12). E, tal como os primeiros fiéis cristãos, também nós nos alegramos ao admirar a força do Espírito Santo e sua ação sobre a inteligência e a vontade de suas criaturas.[28]

O pensamento deste homem de Deus, que acabamos de transmitir, não é algo simplesmente plasmado no papel, mas emanado da sua própria vida. Depois de conhecer o que o Senhor queria dele, sentiu-se invadido de um ardor apostólico tão grande que não conseguia ficar em silêncio. Na casa da sua mãe, os seus irmãos ouviam-no cantar com uma música inventada por ele mesmo, aquelas palavras do Senhor insistentemente repetidas por nós: "Fogo vim trazer à Terra e que outra coisa não desejo senão que tudo arda" (Lc 12, 49). E como prolongação desta música candente, deixou escritas estas palavras: "Apesar de sentir-me vazio de virtudes e de ciência (...) queria escrever uns livros de fogo que corressem pelo mundo como chama viva difundindo a sua luz e o seu calor entre os homens, convertendo os pobres corações em brasas, para oferecê-los a Jesus como rubis da sua coroa de Rei."[29]

E isto que escreveu lá pelos idos de 1930 — desprovido de experiência humana (tinha pouco mais de 26 anos), de qualquer meio material e rodeado de incompreensões e críticas — tornou-se uma realidade na sua vida: a sua palavra escrita e oral difundiu-se entre pessoas de mais de oitenta países, suscitando milhares de conversões e de vocações para o sacerdócio e para o apostolado. E como para reconhecer o valor da confiança em Deus e a força do Espírito Santo, no dia 6 de outubro do ano de

---

28 Ibidem, p. 174.

29 A. Vasquez de Prada, *El fundador del Opu Dei*, Edit. Rialp, Madri, 1977, p. 381.

A FORÇA e a suavidade do Espírito Santo

2002, data da sua canonização, Deus permitiu que mais de trezentas mil pessoas — das mais diversas nacionalidades e culturas —, ao lado do Papa, enchessem a praça de São Pedro, a Via della Conciliazione, e todas as ruas e avenidas limítrofes até o Castelo de Sant'Angelo. Esta multidão — com um coração e uma só alma — parecia representar uma constatação física daquelas suas palavras, escritas muitos anos antes:

"Deus não é hoje menos poderoso do que em outras épocas... Se tivéssemos uma fé firme e se déssemos a conhecer Cristo com audácia, veríamos como continuam a realizar-se diante dos nossos olhos milagres como os da era apostólica, como em Pentecostes..."[30]

Todas as pessoas que amam e amaram profundamente a Jesus Cristo, seja qual for a época em que viveram, entendem essa linguagem. Há como que uma santa compulsão de derramar nos outros o Amor que se leva dentro, da mesma maneira como o lago, dilatado por um temporal, ao não poder conter tanta água, transborda e inunda as margens e invade os campos e os povoados...

Todas as pessoas que amam e amaram profundamente a Jesus Cristo, seja qual for a época em que viveram, entendem essa linguagem. Há como que uma santa compulsão de derramar nos outros o Amor que se leva dentro, da mesma maneira como o lago, dilatado por um temporal, ao não poder conter tanta água, transborda e inunda as margens e invade os campos e os povoados...

De uma forma vibrante o canta aquele hino que costuma acompanhar em alguns lugares a cerimônia da crisma, o sacramento que reproduz a grande efusão do Espírito Santo: "Tenho que gritar, tenho que arriscar, ai de mim se não o faço! (...), como não falar de Ti, se Tua voz me queima dentro? Tenho que andar, tenho que lutar, ai de

---

30   Ibidem.

mim se não o faço!, como escapar de Ti se Tua voz me queima dentro?"

É a essa missão e a essa responsabilidade que nos chama vigorosamente João Paulo II, quando faz ressoar nos nossos ouvidos, novamente, *Duc in altum!*, guia ao mar alto, não te detenhas na praia horizontal do comodismo... Não tenhas medo das águas profundas, das ondas violentas... *Duc in altum!*

É preciso salvar a todo custo a nossa alma viajeira, pescadora. O barco parado no porto envelhece, enferruja... É preciso fazer-se ao largo...

CAPÍTULO XI

DUC IN ALTUM:
PESCADORES DE HOMENS

Quando impulsionados pela palavra do Senhor — *Duc in altum* (Lc 5, 4) —, deixando de lado as experiências negativas de uma pesca falida, lançarmos em nome do Senhor (cf. Lc 5, 4) as nossas redes para pescar, experimentaremos, também, o poder extraordinário de Jesus e, ao pasmar-nos diante da grande pescaria, ouviremos igualmente as suas palavras: "Eu vos farei pescadores de homens" (Mc 1, 17).

São Francisco Xavier era um pescador de homens. Recordemos que, devorado pela febre corporal e pela "febre da alma", a caminho da China, teve de parar numa ilha da qual já se divisava a terra firme. Olhando demoradamente para a costa longínqua, sonhava conquistar para Cristo mais esse outro continente. E foi assim que morreu, deixando vagar os olhos por aqueles largos horizontes que ainda pareciam pequenos ao seu grande coração de conquistador.

Nós também deveríamos sentir queimar-nos o coração, experimentar ao vivo essa santa impaciência, essa insaciável fome de almas. Há muitos anos, quando o li pela primeira vez, causou-me forte impressão este ponto de *Caminho*:

Lembras-te? — Fazíamos tu e eu a nossa oração, quando caía a tarde. Perto, ouvia-se o rumor da água. E, na quietude da cidade castelhana, ouvíamos também

A FORÇA e a suavidade do Espírito Santo

vozes diferentes que falavam em cem línguas, gritando-nos angustiosamente que ainda não conhecem Cristo. — Beijaste o Crucifixo, sem te recatares, e Lhe pediste que te fizesse apóstolo de apóstolos.[1]

Agora, volto a meditá-lo com frequência, para não me esquecer dos grandes horizontes que outrora me sugeriu, quando ainda era garoto. E penso como seria bom que todos nós — jovens, maduros e aposentados — também estremecêssemos diante desse horizonte vasto que Cristo nos abriu do alto da Cruz.

Não se trata de sonhar quixotescamente em converter o mundo inteiro, em mudar o ambiente da sociedade de cima a baixo — coisa fora do alcance de cada um e, nessa medida, uma boa desculpa para a apatia —, mas de, pacientemente, como um carvão ao rubro, queimar com o fogo de Cristo as pessoas com quem convivemos, pescando-as uma a uma. Isto sim é algo inescusável para qualquer coração grande, consciente de não poder responder a Deus como Caim, depois de ter matado Abel: "Por acaso sou eu responsável pelo meu irmão?" (Gn 4, 9).

Os homens estão esperando por mim, homens que estão vivendo talvez no meio de águas amargas, suspirando inconscientemente por serem resgatados, ansiosos por encontrar um sentido para a vida. E encontrarão, sem dúvida, esse sentido dentro da barca de Pedro.

Vale a pena pensar que, no momento do nosso julgamento definitivo, desfilarão diante de nós os rostos dos nossos parentes, amigos, vizinhos e colegas de escola ou de trabalho, e que cada rosto significará uma pergunta: "Que fez você por mim?" E que alegria podermos ler nestes mesmos rostos a radiante resposta: "Tudo, porque você me mostrou o caminho para Deus!"

---

1   São Josemaria Escrivá, *Caminho*, op. cit., n. 811, p. 246.

A personalidade do pescador

Temos que tomar consciência desta verdade: a minha vocação é ser pescador de homens!

Ser pescador de homens define o cristão, identifica a sua personalidade. Nós podemos ser médicos, torneiros, advogados, secretárias, pintores, comerciantes, analistas, enfermeiras, eletricistas... mas, se queremos ser cristãos, temos que ser também pescadores de homens.

Os pescadores têm uma personalidade característica. Eu o pude verificar em muitas ocasiões. Passava as férias, quando criança, adolescente e jovem, num porto de mar. Ali conheci muitos pescadores de profissão. Na sua diversidade, todos tinham algo em comum: o coração estava no mar, amavam a pesca... De uma forma ou de outra "sentiam", "cheiravam" quando e onde encontrariam a pesca... Já ouvi pescadores aposentados dizerem que, quando dormiam, sentiam na cama o balanço do barco, e sonhavam com as grandes pescarias da sua vida...

Recordo agora um desses pescadores verdadeiramente "legendários". Era um homem calado, mas afável. Quando estava no cais continuamente ficava olhando para o mar. Ninguém o acompanhava quando saía a pescar. Mas sempre voltava com a sua barca repleta de peixes. Era chamado "o solitário". Nós, garotos com delírios de aventura, péssimos pescadores, sonhávamos com uma grande pescaria. Na nossa ingênua e audaz mentalidade, propusemos ao "solitário" que um dia nos permitisse acompanhá-lo. Olhou-nos surpreso, não querendo acreditar no que ouvia. "Mas vocês não sabem que eu sou *o solitário*?" disse-nos sorrindo... Negou-se rotundamente ao nosso pedido. Mas tanto e tanto insistimos que ele acabou concordando. No dia seguinte, bem cedo, na barca dele nos dirigimos ao alto-mar... Que aventura! Ele ia calado.

Olhando para o horizonte. De repente, disse: "Vamos para lá", e assinalou à direita... "Mas por quê?", indagamos curiosos. — "Porque lá tem gaivotas" — "Mas 'solitário', nós vamos pescar e não caçar"... Ele riu — "Vocês não sabem nada; onde há gaivotas, há sardinha... Vocês não veem como elas se deixam cair em vertical e saem voando com um peixe no bico?..." — "Puxa", exclamamos decepcionados, "nós não viemos com você para pescar essa mixaria de sardinha"... Aí ele deu uma gargalhada... "Realmente vocês estão por fora... Onde há sardinha, há merluza..." Para lá fomos e o nosso entusiasmo não tinha medida quando víamos entrar na barca merluzas de meio metro, brilhantes como prata... Pulávamos de alegria, nos abraçávamos e abraçávamos o "solitário", que estava radiante com a nossa vibração.

Foi a lição que aprendi com o "solitário": o bom pescador não olha a superfície do mar, mas o seu fundo, a cor das suas águas, a direção das correntezas, a situação atmosférica... e os indícios... as algas, as gaivotas e os peixinhos... É toda uma sabedoria que se adquire com o tempo...

O apóstolo deve ter "olhar de pescador"; não repara apenas no rosto dos homens, mergulha no coração... Sabe conhecer cada personalidade, as suas qualidades e fraquezas, as suas carências e limitações, as suas virtudes... É assim que nós temos que olhar os nossos amigos, colegas e familiares... Com esse "olho clínico", com esse "olho de pescador", com esse intuito apostólico... Assim como os que têm "tino comercial" para os negócios sabem descobrir em qualquer circunstância um motivo de lucro, da mesma maneira nós temos que ter "tino apostólico" para conquistar homens, para saber descobrir almas por trás dos semblantes indiferentes, das meras aparências... Era esse tino que possuía o "solitário", um grande pescador, que se tornou um grande amigo.

Três tipos de pesca

Se me permitem essa liberdade, diria que há três tipos de "pesca apostólica": com rede, com anzol e com arpão.

Com rede pescamos os homens em atividades multitudinárias: encontros, palestras, eventos... Mas não podemos nos contentar apenas com essas multidões... As almas se salvam uma a uma... Temos que saber personalizar, prestar atenção a cada uma de maneira peculiar de acordo com as suas necessidades, descobrir aptidões e qualidades, incentivar o seu crescimento espiritual...

Com anzol, pescamos individualmente, no dia a dia. É a nossa "profissão". Um pescador não fica satisfeito naquele dia em que não pega o seu peixe... Uma senhora pode "sair a pescar" ao aproximar-se daquela outra dona de casa que está com ela no supermercado fazendo compras, e "bater um papo" com ela... abrindo-lhe horizontes... A moça e o rapaz, na escola abordando um tema interessante com um colega... O profissional com um dos seus companheiros de trabalho, chamando-o a lanchar juntos, oferecendo um livro que lhe possa fazer bem, convidando-o para uma palestra de formação... Todos os dias deveríamos perguntar-nos: Qual foi o peixe que eu pesquei? O que fiz hoje para trazer gente à barca de Cristo? Deixei de aproximar-me de alguém por vergonha ou inibição? Não nos esqueçamos disso: é a nossa "profissão" de cristãos.

A pesca mais emocionante, contudo, é a pesca com arpão. Com arpão se pescam os peixes "grandes". Eles estão escondidos nas suas tocas, nos seus altos postos executivos, nos seus cargos políticos, no desempenho de funções que envolvem um forte poder decisório... Sei de um amigo que, quando viajava especialmente de avião, onde se encontravam, dizia ele, pessoas "importantes", ou quando participava de reuniões profissionais de "alto nível", se perguntava "onde vou encontrar hoje o meu 'peixe grande'..." E quando direcionava o seu "olhar de pescador" e descobria o seu alvo no meio de um grupo — quer fosse deputado, prefeito ou vereador, presidente de uma empresa ou prestigioso professor — ia direto e o cumprimentava... Era somente a primeira aproximação, depois ia dando voltas em torno dele, "rodeando" o seu peixe, estudando o seu feitio... até encontrar o momento oportuno para disparar o "arpão", no lugar mais vulnerável... Este meu amigo já trouxe para a barca muitos "peixes grandes"...

Eu vos farei pescadores de homens (Mc 1, 17). Os homens que não conhecem Cristo estão perdidos num mar de amarguras, nadando sem sentido em águas turbulentas: temos que resgatá-los, trazê-los à barca de Pedro, à Igreja, para acolhê-los amorosamente e dar-lhes um sentido humano e divino às suas vidas. É assim como nós respondemos positivamente àquele mandato divino: "Ide e evangelizai as gentes de todas as raças e de todas as línguas" (Mt 28, 19). Não nos esqueçamos que assim procederam os primeiros apóstolos. Uns "pescaram" os outros, talvez de maior porte do que eles, como André que "pescou" o seu irmão Pedro, cabeça da Igreja de Cristo.

Nobres ambições, falsas humildades

Temos que assumir grandes responsabilidades. Ser santamente audaciosos. Não podemos confundir a humildade cristã com o acanhamento. Na sua humildade, o Senhor falava de evangelizar todos os povos, de conquistar o mundo inteiro para Deus, dono do Universo.

Os homens sem ambições nobres serão sempre homens de voos rasteiros, de motivações mortiças, diríamos de "coração molambo". Esses "humildes" e esses "bonzinhos" costumam ficar na praia sem aventurar-se no alto-mar, confinados na sacristia como coelhos na toca, assustados, entretendo-se mutuamente em queixar-se da "perdição dos costumes", da "corrupção na política", da "descristianização da sociedade", da "imoralidade na televisão", do "espetáculo despudorado das praias"... Não reparam que todos e cada um — e portanto eles próprios — têm de ser protagonistas da história — desta que vivemos, que nos alegra e que nos faz sofrer —, e não apenas espectadores passivos e "escandalizados". "Humildes?", perguntamos, "serão humildes ou, melhor, apáticos e medrosos?"

A humilde Teresa do Menino Jesus, que tanto aprofundou na infância espiritual e no valor das pequenas coisas, não se contentava com ser uma carmelita enclausurada; queria ser apóstolo, missionária... E como não podia estar — dizia ela — em todas as partes do "corpo" da Igreja, resolveu um dia fincar-se pelo resto da vida no Coração de Cristo e, através dele, chegar capilarmente à última das suas células. E foi assim que, sem nunca ter saído do seu claustro de Lisieux, a Igreja a nomeou padroeira universal das missões. Isto é ser humilde e ao mesmo tempo ter um coração grande!

Lembro-me que, numa conferência pronunciada no Rio de Janeiro sobre a família e a crise de valores, um dos participantes me perguntou:

— Que faz a Igreja diante dessa televisão emporcalhada que temos de sofrer?

Em tom reflexivo, saiu-me muito de dentro outra pergunta:

— E quem é a Igreja?

Fez-se um momento de silêncio e depois ouviu-se uma salva de palmas. Todos tinham compreendido o significado da pergunta, e alguém quis manifestá-lo alto e bom som:

— A Igreja somos nós, cada um de nós!

Restou-me tirar a conclusão:

— Não seria melhor que nos perguntássemos: "Que faço eu para mudar essa televisão que temos que suportar diariamente?" Evidentemente, os "humildes", os que se refugiam numa piedade beata, nunca farão nada para que a televisão, os jornais, a escola, a universidade, a política, a cultura estejam impregnados dos princípios que inspiram a dignidade humana. São os pescadores de águas rasas, os "pescadores de aquário", os "pescadores de sacristia"...

Para a tarefa de "restaurar todas as coisas em Cristo" (Ef 1, 10) são necessários homens e mulheres de caráter, de fibra, de coragem, empreendedores, nobremente ambiciosos. Homens que tragam gravadas no peito — e sintam no coração — as palavras do Senhor: *Duc in altum!* (Lc 5, 4).

Não fique na praia: ou em terra firme ou no mar alto! É preciso decidir-se. Na praia, com a água até o tornozelo, só ficam os calculistas, os que se limitam a sorrir para a esquerda e para a direita, os que se conformam com tudo, os que encolhem os ombros e voltam as costas, quando a Igreja os chama. Não se esqueça de que os da praia não só serão alvo das troças dos homens de terra firme, como também o próprio mar os salpicará com o seu desprezo.[2]

> Há circunstâncias na vida que exigem do homem uma atitude clara e definida; não se permitem as hesitações; ou se é ou não se é; sem meios-termos. E o católico, o cristão de hoje, tem de tornar uma posição clara e consciente na luta que se avizinha, que promete ser gigantesca, porque, ou empreendemos a aventura de fazer algo de sério

---

2   Cf. J. Urteaga, *O valor divino do humano*, Edit. Quadrante, São Paulo, 1977, p. 25.

nesta vida de acordo com o nosso ideal, o que reclama o exercício e a tensão de todas as faculdades humanas que possuímos, ou teremos de deixar de chamar-nos cristãos. Nas lutas do espírito, não se admitem os bandos neutros nem os não-beligerantes, nem há possibilidade de fugir. Todos se alinharão numa posição ou noutra. Na 'terra de ninguém' só ficam os cadáveres.[3]

Coração em alto-mar

O coração dos pescadores está no mar, não na praia. Na praia ficam os peixeiros.[4]

Os peixeiros são os "fregueses de sacristia", os "cristãos de missas festivas", os "católicos de salão paroquial", os que se reúnem para conversar, comentar, discutir... Os pescadores pegam a barca e a impulsionam para o alto-mar, ao ritmo das suas remadas e lançam a rede... como Pedro... *in verbo tuo* (Lc 5, 3), em nome de Jesus. E pescam uma grande quantidade de peixes.

Os peixeiros ficam tranquilamente na praia, comodamente sonhando, esperando, esperando...; não pescam, revendem o peixe recolhido pelos pescadores; lucram com o esforço e o sacrifício dos seus irmãos.

Os pescadores cheiram a mar aberto, a brisa límpida. Os peixeiros cheiram a "peixe morto". Os pescadores têm um coração grande: se o abríssemos, encontraríamos nele sangue e fogo. Nos peixeiros, encontraríamos saliva... conversa fiada". Quanto a mim, quero ser pescador ou peixeiro?

---

3   Ibidem.

4   Ao utilizar o termo "peixeiro", estou fazendo um jogo de palavras, como se fosse uma força de expressão, sem querer menosprezar a honesta profissão de peixeiro.

A FORÇA e a suavidade do Espírito Santo

Para responder a essa pergunta seria necessário que ainda nos interrogássemos com questões mais concretas:

• Aí, no ambiente em que me desenvolvo, não haverá um ou dois que eu possa aproximar de Deus?

• Vejo almas onde os outros veem apenas colegas, interesses, degraus?

• Numa época em que ninguém tem o menor constrangimento de falar despudoradamente, envergonho-me de falar de Deus?

• "Falta-me tempo" para dedicar-me aos outros, quando desperdiço esse mesmo tempo — às vezes horas inteiras do meu dia — em futilidades, caprichos e ninharias?

• Sinto realmente o compromisso de ser Igreja, de trazer para mim a responsabilidade, de, com a minha ação, fazer a diferença, de representar um fator determinante no meu ambiente social, de assumir verdadeiramente o papel de pescador de homens?

João Paulo II lembra nesse clamor — *Duc in altum!* — as exigências da nova evangelização que deverá representar para cada um como um novo Pentecostes:

> Repeti muitas vezes nestes anos a "chamada" à nova evangelização. A reitero agora, sobretudo para indicar que faz falta reavivar em nós o impulso das origens, deixando-nos impregnar pelo ardor da pregação apostólica depois de Pentecostes. Temos de reviver em nós o sentimento apremiante de Paulo, que exclamava: "Ai de mim se não evangelizar!" (1 Cor 9, 16).
>
> Esta paixão suscitará na Igreja uma nova ação missionária, que não poderá ser delegada a uns poucos homens "especialistas", mas que acabará por implicar a responsabilidade de todos os membros do povo de Deus.

DUC IN ALTUM: PESCADORES DE HOMENS

Quem encontrou verdadeiramente Cristo não pode retê-lo só para si, deve anunciá-Lo.[5]

Sim, parece que o Papa nos volta a exortar: *Duc in altum!* Guie mar adentro! Leve a barca da sua vida para o alto-mar! O alto-mar o espera. Que faz aí parado? Reavive a sua fé! Mexa com os seus brios! Não fique na praia esperando, esperando! Pescam-se os peixes com iniciativas, com decisão e risco... É preciso decidir-se. Não fique atolado em águas rasas. O alto-mar o chama. Não inveje a posição apática dos peixeiros que ficam na praia contemplando o mar e não atuam. Confie no Senhor e lance suas redes no mar da sua vida.[6]

Duc in altum! — volta-nos a repetir o Senhor. "Eu estou com você. Se lança a rede em meu nome (cf. Lc. 5, 4), como Pedro, a pesca será também transbordante, extraordinária..."

É impressionante o que puderam fazer os homens de Deus ao depositarem toda sua confiança no poder do Altíssimo. Quando São Josemaria Escrivá, no fim da década de 1950, percorria as ruas de Londres, ia fazendo a sua oração em termos parecidos a estes: "Senhor, quantas coisas grandes poderíamos fazer por ti nesta cidade e a partir desta cidade... neste núcleo de relações intelectuais, diplomáticas, econômicas, que é Londres... Mas eu não posso nada... eu não posso nada..."

Naquele momento diz que escutou uma daquelas locuções divinas, inconfundíveis, que se gravavam no fundo da sua alma: "Tu não podes nada, mas eu posso tudo."

Ele disse que aquelas palavras lhe comunicaram como que uma graça operativa, uma força incomum... E voltando

---

5   João Paulo II, Carta Apostólica *Novo millennio ineunte*, 06/01/2001, n. 40 (o sublinhado é nosso).

6   Cf. R. Llano Cifuentes, *A força da juventude*. Edit. Vozes, Petrópolis, 1999, pp. 85–88.

A FORÇA e a suavidade do Espírito Santo

imediatamente para casa, começou a procurar locais onde se pudesse começar um trabalho de envergadura... Assim começou uma série de centros culturais e universitários a partir dos quais se desenvolveram — e se continuam desenvolvendo — atividades apostólicas com grande influência cristã em todo o mundo anglo-saxônico.

É o milagre da pesca milagrosa. Quando se lança a rede, em nome do Senhor, confiando no Seu poder, as possibilidades se multiplicam: porque Ele pode tudo.

Foi isto o que fizeram os apóstolos depois de Pentecostes, confiando plenamente no Senhor: espalharam pelo mundo todo o fogo do Espírito Santo que levavam no seu coração. E a barca de Pedro ficou repleta de peixes até as bordas... Foi o início de uma Igreja que continua estendendo-se e dilatando-se pelos cinco continentes ao longo de vinte séculos...

Esse vigor para lançar redes e recolhê-las depois pesadas, repletas de peixes, de almas para Deus; essa ousadia, essa coragem audaciosa vêm da força e da suavidade do Espírito Santo agindo no fundo dos nossos corações.

EPÍLOGO

MARIA: A SUAVIDADE DO ESPÍRITO SANTO

Maria é como a expressão maternal, cheia de ternura, da suavidade do Espírito Santo.

Em Pentecostes, os discípulos querem sentir-se unidos, e os encontramos com Maria, a mãe de Jesus (cf. At 1, 14). A oração dos discípulos estava acompanhada pela oração de Maria: era a oração de uma família unida.

São Lucas, o evangelista que mais longamente narrou a infância de Jesus, parece como "se quisesse dar-nos a entender que, assim como Maria teve um papel primordial na Encarnação do Verbo, de modo análogo esteve também presente nas origens da Igreja, que é o Corpo de Cristo".[1]

Se queremos ser almas pneumatóforas como Maria (portadora do Espírito Santo, como falavam os Padres da Igreja), temos que estar unidos a Ela. É Maria que nos ajuda a estar atentos ao Espírito. Raniero Cantalamessa escreve nesse sentido: "A devoção ao Espírito Santo e a devoção à Virgem Maria não se excluem alternadamente; pelo contrário, antes revelam uma maravilhosa convergência."[2] É belíssima uma definição do cardeal Leo-Jozef Suenens, que falava de Maria e do Espírito Santo como "O par invencível de esposos".[3]

---

1   São Josemaría Escrivá, *É Cristo que passa*, Edit. Quadrante, São Paulo, 1973, n. 141, p. 186.

2   R. Cantalamessa e S. Gaeta, *O sopro do Espírito*, Editora Ave-Maria, São Paulo, 1988, p. 195.

3   Ibidem, p. 63.

A FORÇA e a suavidade do Espírito Santo

O bispo prelado do Opus Dei, Dom Javier Echevarría, escreveu a esse respeito no ano de 1998:

> O papel da Virgem toma-se fundamental na cena de Pentecostes. A Mãe de Jesus estava plena do Espírito Santo por sua Imaculada Conceição e por sua Maternidade divina, mas se prepara para receber uma nova plenitude enquanto Mãe da Igreja. Seu fervor e sua oração são tão intensos que em torno dela cristaliza a forte unidade dos apóstolos, das santas mulheres e dos primeiros discípulos, na caridade: Igreja do Cenáculo, universal desde o primeiro dia, e modelo perene para todos os cristãos.

Maria, como Mãe — com a sua compreensão, suavidade e ternura —, reúne, entrelaça e funde na unidade os filhos entre si. Não por acaso estavam os discípulos "unidos em oração ao lado de Maria" (At 1, 14). A devoção à Virgem pode ser um dos laços mais fortes que vincula, na unidade, uma família, uma comunidade, uma diocese. Isso se vê muito claramente nas procissões, romarias e peregrinações aos santuários marianos, que costumam fazer as paróquias ou as dioceses. Por exemplo, mais de sessenta mil peregrinos da Arquidiocese do Rio de Janeiro onde eu trabalho se reúnem anualmente na casa da Mãe, em Aparecida, e os jovens promovem, todos os anos, a "Tarde com Maria", que com as suas "carreatas" — provenientes dos pontos mais distantes da cidade —, confluentes na Catedral do Rio, participam cerca de cem mil pessoas. Essas manifestações de piedade unem extraordinariamente os fiéis e as comunidades. No clima de uma romaria, participantes de ambientes culturais e sociais muito diversos encontram na devoção à mesma Mãe e na união com os seus pastores, um fortíssimo denominador comum que os aglutina e solidariza entre si.

MARIA: A SUAVIDADE DO ESPÍRITO SANTO

Este fenômeno pode reproduzir-se, com dimensões apropriadas, no seio da família, de cada agrupamento humano ou comunidade social, estudantil, universitária ou paroquial. Este fenômeno pode reproduzir-se, com dimensões apropriadas, no seio da família, de cada agrupamento humano ou comunidade social, estudantil, universitária ou paroquial.

João Paulo II, na Carta Apostólica *Rosarium Virginis Mariae*, publicada no 16 de outubro de 2002, início do seu 25º ano de pontificado, mostra-nos que podemos estar ao longo de toda nossa vida ao lado de Maria, implorando a ajuda do Espírito Santo, ao rezar o Santo Rosário meditando os seus mistérios.

Nesta meditação podemos ver na retina de Maria, como num espelho, todas as passagens da vida de Jesus, porque "Maria vive com os olhos fixos em Cristo e guarda cada palavra sua: conservava todas estas coisas ponderando-as no seu coração" (Lc 2, 19; cf. 51).[4]

E assim como a existência toda pode converter-se num grande Cenáculo de oração, contemplando os mistérios da vida de Jesus, através dos olhos de Maria.

Foi patente em Pentecostes a força impetratória de Maria. É por isso que João Paulo II nos indica que "a imploração insistente da Mãe de Deus apoia-se na confiança de que a sua materna intercessão tudo pode no coração do Filho. Ela é "onipotente por graça", como com a expressão audaz a ser bem entendida, dizia o beato Bartolo Longo na sua *Súplica à Virgem*. "Uma certeza esta que, a partir do Evangelho, foi-se consolidando por meio da experiência do povo cristão."[5] E o Papa, enriquecendo a sua assertiva, cita a interpretação estupenda da mesma verdade que faz o grande poeta Dante: "Mulher, és tão

---

4   João Paulo II, Carta Apostólica *Rosarium Virginis Mariae*, 16/10/2002, n. 11.

5   Ibidem n. 16

243

A FORÇA e a suavidade do Espírito Santo

grande e tanto vales que quem deseja uma graça e a vós não se dirige é como se quisesse voar sem asas."[6]

"No Rosário" — prossegue dizendo a Carta — "Maria, Santuário do Espírito Santo (cf. Lc 1, 35), ao ser suplicada por nós, apresenta-se em nosso favor diante do Pai (...) pedindo conosco e por nós".[7]

Neste nosso ininterrupto Pentecostes da vida permaneçam sempre implorando a ajuda do Santo e Divino Espírito ao lado de Maria rezando, com pausa contemplativa, o Santo Rosário, especialmente a partir de outubro deste ano de 2002 até outubro de 2003, proclamado por João Paulo II o Ano do Rosário.

Vivendo unidos em oração ao lado de Maria, estaremos preparados para receber a efusão contínua do Espírito Santo, indispensável para essa extraordinária missão de pescadores de homens que nos está destinada nesta alvorada do terceiro milênio.

Todo pescador precisa ter uma "isca". A nossa melhor "isca" é a alegria cristã, que atrai e cativa. Maria sempre foi invocada como "causa da nossa alegria". Com frequência Ela se apresentou aos homens — como em Lourdes — sorrindo de uma maneira encantadora. Em certa ocasião, o conde de Bruissard, um famoso incrédulo contemporâneo de Bernadette Soubirous, a vidente de Lourdes, foi ter com ela principalmente para caçoar das aparições.

"Bernadette, você diz que lhe apareceu Nossa Senhora e que tinha um sorriso maravilhoso." — "É verdade", respondeu a menina. — "Pois bem, eu gostaria que você sorrisse para mim como a Virgem sorriu para você." — "Isso não é possível, senhor", acrescentou Bernadette; "eu sou uma pobre ignorante que não posso tentar imitar aquele sorriso divino." — "Mas Bernadette", replicou

---

6   *Divina Comédia*, Paraíso, XXXIII, 13–15.

7   Ibidem, nota 13.

aquele homem, tornando mais requintada a sua zombaria, "eu sou um ateu, um incrédulo, e talvez o seu sorriso me converta."

Então aquela menina, com toda a ingenuidade, agregou: "Bom, se o senhor acredita que isso pode acontecer, vou tentar." E assumindo a mesma atitude de Nossa Senhora levantou-se devagar, cruzou os braços diante do peito e esboçou um sorriso celestial nunca visto antes em lábios humanos. E aquele homem, de repente, sentiu toda a sua incredulidade abalada, desmoronando-se diante dele: "Eu não sei o que vi detrás daquele sorriso que as minhas máscaras todas desabaram e acreditei com uma fé pura, como a de uma criança... parece que vi detrás desse sorriso o próprio sorriso de Maria."[8] Vamos pedir emprestado a Nossa Senhora, "causa da nossa alegria", o seu sorriso cativante para que os homens, ao olhar-nos, sintam-se atraídos por essa "isca" inigualável. Assim nós poderemos nos tornar verdadeiros "pescadores de homens".

Para terminar, poderíamos agora prolongar a nossa oração colocando-nos ao lado de Maria, como os apóstolos em Pentecostes, a fim de invocar o Espírito Santo com aquelas comovedoras palavras que formulou João Paulo II no Jubileu do ano 2000, como preparo para o trabalho evangelizador do novo milênio:

Vem, Espírito de amor e de paz!

Espírito Santo, hóspede amável dos corações, manifestai--nos o sentido profundo do Grande Jubileu e dispõe nosso espírito para que o celebremos com fé, na esperança que não desilude, com caridade desinteressada...

Vem, Espírito de amor e de paz!

Espírito Criador, oculto construtor do Reino, com a força de vossos santos dons, dirigis a Igreja para transpor

---

8   Cf. I. Segarra, *Histórias marianas para rezar*, Edit. Bruno Braga, 1983, p. 28.

com coragem o umbral do novo milênio, para levar às gerações que hão de vir, a luz da Palavra Salvadora (...).

Vem, Espírito de amor e de paz!

Espírito de comunhão, alma e sustentáculo da Igreja (...). Espírito de consolação, fonte inesgotável de alegria e de paz, despertai em nós a solidariedade pelos que vivem na miséria, proporcionai aos enfermos o conforto de que necessitam, infundi, em quem se encontra na provação, firmeza e esperança. E, em todos, reavivai o empenho por um futuro melhor...

Vem, Espírito de amor e de paz!

Espírito de vida, por cuja obra o Verbo se encarnou no seio da Virgem Maria, mulher atenta no silêncio, tornai-nos dóceis às sugestões de vosso amor e sempre dispostos a acolher os sinais dos tempos que Vós colocais nos caminhos da História.

Vem, Espírito de amor e de paz!

A Vós, Espírito de Amor, com o Pai Onipotente e o Filho Unigênito, seja dado louvor, honra e glória pelos séculos sem fim. Amém.

Deixando-nos permear pelo profundo significado desta oração viremos a experimentar a Força e a Suavidade do Espírito Santo no fundo do nosso ser.

BIBLIOGRAFIA UTILIZADA

AFONSO MARIA DE LIGÓRIO, Santo. *A oração*, I, 3.

AGOSTINHO, Santo. "Sermo 15", c. 1. *in Psalm*, 22.

_____*A Cidade de Deus*.

_____*Confissões*.

ALEIXANDRE, Dolores, RSCJ. "Mémoire vive du leu Pascal", Mystique et Taches de la Vie Réligieuse aujourd'hui", Conferência na Unione lnternazionale Superiore Generali, Roma, 3 de maio de 1998, texto poligrafado.

BRANDÃO DE CASTRO, J. *Vida de São Geraldo Magela*, Edit. Santuário, Aparecida, 1977.

BULGAKOV. *Le Paraclet*, Paris, 1976.

CANTALAMESSA, R. *O sopro do Espírito*, Edit. Paulus, São Paulo, 1997.

CANTALAMESSA, R. e GAETA, S. *O sopro do Espírito*, Edit. Ave-Maria, São Paulo, 1988.

CAU, J. *La Pitié de Dieu*, Paris, 1961.

CHARBONNEAU, Ch. *Le systeme et le chaos*, Paris, 1973.

CHIRON, Y. El *Padre Pio*, Edit. Palabra, Madri, 1999.

CIRILO DE ALEXANDRIA, São. *Thesaurus de Sancta et Consubstantia de Trinitate*, 34. Comentário do versículo da Bíblia Sagrada. Tradução dos originais mediante a versão dos monges de Maredsous (Bélgica) feito pelo Centro Bíblico Católico, 75ª edição, Edit. Ave-Maria, São Paulo, 1991.

A FORÇA e a suavidade do Espírito Santo

DA CAPUA, R. *Vita de Santa Caterina da Siena*, Edit. Ezio Cantagalli, Siena, 1952.

DAL-GAL, G. *Pio X, El Papa Santo*, Edit. Palabra, Madri, 1985.

DOSTOIÉVSKI, F. *Les Possédés*, Paris, 1964.

ELCID, D. *El hermano Francisco*, Edit. BAC, Madri, 1981.

ÉPOCA, Revista, Rio de Janeiro, 24 de maio de 1999.

ESCRIVÁ, São Josemaria. *Questões atuais do cristianismo*, 2ª edição, Edit. Quadrante, São Paulo, (sem data).

_____*É Cristo que passa*, Edit. Quadrante, São Paulo, 1973.

_____*Caminho*, 13ª edição, Edit. Quadrante, São Paulo, 2022.

_____*Oração manuscrita*, abril, 1934.

_____ *Amigos de Deus*, Edit. Quadrante, São Paulo, 2023.

_____ *Sulco*, Edit. Quadrante, São Paulo, 2016.

_____ *Forja*, Edit. Quadrante, São Paulo, 2016.

_____*Postulación de la causa de Beatificación y canonización del siervo de Dios Josemaría Escrivá de Balaguer*, Roma, 1979.

FARROW, J. *Damião, o leproso*, Edit. Quadrante, São Paulo, 1995.

FRANCISCO DE SALES, São. *Tratado do Amor de Deus*, Edit. Vozes, Petrópolis, 1995.

_____Carta CCXXIX (6 de outubro de 1604), *Ouvres*, XII, Annecy, Dom Annecy, Dom Henry Benedict Mackey, OSB, 1892–1932.

BIBLIOGRAFIA UTILIZADA

FROSSARD, A. *Deus em questões*, Edit. Quadrante, São Paulo, 1991.

_____*Hay otro mundo?*, Edit. Rialp, Madri, 1970.

GALLAGHER MANSFIELD, P. *Como um novo Pentecostes*, 3ª edição, Edit. Louva Deus, Rio de Janeiro, 1995.

GARCIA MORENTE, M. *O Fato extraordinário*, Edit. Quadrante, São Paulo, 1989.

GARRIGOU-LAGRANGE, R. *Las tres edades de la vida interior*, t. I, 8ª edição, Edit. Palabra, Madri, 1995.

HENRI DE MAN, *L'execution du plan du travail*, Paris, 1935.

HILÁRIO, Santo. *Dos tratados sobre os Salmos*, Sl. 127, 1–3; CSEL 24, 628–630).

JAVIERA DEL VALLE. F. *Decenário do Espírito Santo*, Edit. Ediel, Lisboa, 1998.

JOÃO CRISÓSTOMO, São. *De incomprehensibili homiliae*, 6, 3.

JOÃO DA CRUZ, São. "Canções da alma e chama de amor viva", em *Obras Completas*, 2ª edição, Edit. Vozes, Petrópolis, 1988.

_____*Obras Completas*, Edit. Carmelo, Coimbra, 1986.

JOÃO PAULO II, Exortação Apostólica *Reconciliação e penitência*, 02/12/1984.

_____*Discurso aos membros do Conselho Internacional da Renovação Carismática Católica*, em 14/05/1992.

_____ II Encontro Mundial com as famílias, Rio de Janeiro, Homilia na Santa Missa campal do Aterro do Flamengo, Rio de Janeiro, 05/10/1997.

_____Carta Apostólica *Tertio Millennio Adveniente*, 10/11/1994, n. 45.

_____Carta Apostólica *Novo Millennio Ineunte*, 06/01/2001, n. 1240.

_____*Reconciliatio et Paenitentia*, n. 14.

_____*Dom e Mistério. Por ocasião do 50º aniversário da minha ordenação sacerdotal*, Edit. Paulinas, São Paulo, 1996.

_____Carta Apostólica *Rosarium Virginis Mariae*, 16/10/2002. KEPEL, G. *La revancha de Dios*, Madrid, 1991.

KOESTLER, A. *Janus*, Paris, 1979.

LAPIERRE, D. *Muito além do amor*, Edit. Salamandra, São Paulo, 1992.

LEÃO XIII. Encíclica *Divinum illud munus*, 09/05/1897.

LELLOTE, F. *Convertidos do século XX*, Edit. Agir, São Paulo, 1959.

LLANO CIFUENTES, C. *Los fantasmas de la sociedad contemporánea*, Ed. Trilia, México, 1995.

LLANO CIFUENTES, R. *Serenidade e Paz pela Oração*, Edit. Marques Saraiva, Rio de Janeiro, 2002.

_____*Não temais, não vos preocupeis*, Edit. Marques Saraiva, Rio de Janeiro, 1999.

_____*A força da juventude*, Edit. Reluz, Rio de Janeiro, 1ª edição, 1991.

_____*A força da juventude*, Edit. Vozes, Petrópolis, 2ª edição, 1999.

_____*La Iglesia y la Política*, Istmo, México, 1970.

BIBLIOGRAFIA UTILIZADA

_____*A alegria de viver*, Edit. Quadrante, São Paulo, 1993.

_____*Relações entre a Igreja e o Estado*, Edit. José Oiympio, Rio de Janeiro, 1989.

Lumem Gentium, Concílio Vaticano II, n. 33.

MANGLANO , J. P. *Habiar con Jesus*, Edit. Desclée de Brouwer, Bilbao, 1977.

MARÍAS, J. *La Felicidad Humana*, Edit. Alianza, Madrid, 1981.

MARITAIN, R. *As grandes amizades*, Edit. Agir, Rio de Janeiro, 1952.

MEDELLÍN, Conferência de.

MENENDEZ-REIGADA, I. *Necessidad de los dones del Espíritu Santo*, Salamanca, 1940.

MOHANA, J. *Paz pela oração*, Edit. Agir, Rio de Janeiro, 1977.

MOLINS, M. V. *Aléxia*, Edit. A. O. Braga, 1987.

ORTEGA Y GASSET, J. *A rebelião das massas*, Edit. Martins Fontes, São Paulo, 1987.

PAULO VI. Audiência Pública, 23/05/1973, em *L'Osservatore Romano*, 27/05/

1973.

_____Exortação Apostólica *Evangelii Nuntiandi*. 08/12/75.

_____Alocução na Audiência Pública de 23/05/73, em *L'Osservatore Romano*, 27/05/73.

PHILIPON, P. *Los dones del Espíritu Santo*, Barcelona, 1966.

RATZINGER , J. "El ocaso del hombre y el reto de la fé", *Jornal ABC*, Madri, 31/03/1988.

RIAUD, A. *A ação do Espírito Santo na alma*, Edit. Quadrante, São Paulo, 1998.

RODRIGUEZ, P. *"Camino", Edición crítico-histórica*, Edit. Rialp, Madri, 2002.

ROJAS, E. *La ansiedad*, Edit. Temas de Hoy, Madri, 1995.

ROYO MARÍN, A. *El gran desconocido, el Espiritu Santo y sus dones*, 4ª edição, Edit. BAC, Madri, 1977.

_____*Teología de la Perfeccíon Cristiana*, Edit. Bac, Madri, 1968.

SAINT-EXUPÉRY, A. *Terra dos homens*, 17ª edição, Edit. José Olympio, Rio de Janeiro, 1973.

SARTRE, J.-P. *La Nausée*, Paris, 1960.

SEGARRA, I. *Histórias marianas para rezar*, Edit. Bruno Braga, 1983.

SUENENS, Cardeal Leo-Jozef. Apresentação do livro *Como um novo Pentecostes*, Gallagher Mans Field, Edit. Louva-a--Deus, Rio de Janeiro,1995.

TERESA, Santa. *Livro da Vida*, Edit. Vozes, Petrópolis, 1961.

TERESA DO MENINO JESUS, Santa. *Manuscritos autobiográficos*, Edit. Apostolado da Imprensa, Porto, 1960.

TERTULIANO, *Tratado sobre a oração*, CCL 1, 273–274.

TOMÁS DE AQUINO, São. *Summa contra Gentiles*.

_____*Summa Theologica*.

TONQUÉDEC, J. "Algunos aspectos de la acción de Satán en este mundo", em *Satan*, obra coletiva, número especial de *Études Carmelitaines*, D. D. B., 1948.

TROCHU, F. *El Cura de Ars*, Edit. Palabra, Madri, 1984.

TWAIN, M. *Juana de Arco*, Edit. Palabra, Madri, 1989.

URTEAGA, J. *O valor divino do humano*, Edit. Quadrante, São Paulo, 1977.

VASQUEZ DE PRADA, A. *O Fundador do Opus Dei*, Edit. Quadrante, São Paulo, 1989.

WASSERMANN, J. *Etzel Andergast*, Buenos Aires, 1946.

WIENER, N. *Cibernética y Sociedad*, São Paulo, 1968.

WOLD, Louis de. *El oriente en llamas: biografía novelada de San Francisco Xavier*, Edit. Palabra.

Direção geral

Renata Ferlin Sugai

Direção de aquisição

Hugo Langone

Produção editorial

Sandro Gomes

Juliana Amato

Gabriela Haeitmann

Ronaldo Vasconcelos

Roberto Martins

Capa

Gabriela Haeitmann

Diagramação

Sérgio Ramalho

ESTE LIVRO ACABOU DE SE IMPRIMIR
A 01 DE JUNHO DE 2024,
EM PAPEL AVENA 70 g/m².